»Ich habe dich so lieb! / Ich würde dir ohne Bedenken / Eine Kachel aus meinem Ofen schenken.« Liebesgedichte von Ringelnatz sind anders. Sie sind so witzig wie ernst, so frech wie respektvoll, so erotisch wie herzlich und voller Leichtigkeit. Trotzdem fehlt es ihnen nicht an der nötigen Tiefe, denn Ringelnatz weiß, wovon er redet. Seine Gedichte sind erlebt. Er kennt die Liebe und alles, was sie mit sich bringt. Und wie kaum ein anderer schafft er es, eine so ernsthafte Sache wie die Liebe mit Humor zu betrachten. Der vorliegende Band versammelt die schönsten Liebesgedichte aus dem Werk des Matrosen, Bohemiens und Kabarettisten Joachim Ringelnatz.

insel taschenbuch 3082
Joachim Ringelnatz
Liebesgedichte

Joachim Ringelnatz
Liebesgedichte

Ausgewählt von
Günter Stolzenberger

Insel Verlag

Umschlagabbildung:
John Singer Sargent, Bildnis Madame Gautreau, 1884.
The Metropolitan Museum of Art, New York.

insel taschenbuch 3082
Originalausgabe
Erste Auflage 2005
© Insel Verlag Frankfurt am Main und Leipzig 2005
Alle Rechte vorbehalten, insbesondere das der Übersetzung,
des öffentlichen Vortrags sowie der Übertragung
durch Rundfunk und Fernsehen, auch einzelner Teile.
Kein Teil des Werkes darf in irgendeiner Form
(durch Fotografie, Mikrofilm oder andere Verfahren)
ohne schriftliche Genehmigung des Verlages reproduziert
oder unter Verwendung elektronischer Systeme
verarbeitet, vervielfältigt oder verbreitet werden.
Quellenverzeichnis am Schluß des Bandes
Vertrieb durch den Suhrkamp Taschenbuch Verlag
Umschlag: Michael Hagemann
Satz: Hümmer GmbH, Waldbüttelbrunn
Druck: Druckhaus Nomos, Sinzheim
Printed in Germany
ISBN 978-3-458-34782-8

3 4 5 6 7 8 – 14 13 12 11 10 09

Liebesgedichte

Tiefe Stunden verrannen

Tiefe Stunden verrannen.
Wir rührten uns nicht.
In den alten Tannen
Schlief ein Gedicht.

Stieg ein Duft aus dem Heu,
Wie ihn die Heimat nur haucht
Sahst du das Reh, das scheu
Dort aus dem Duster getaucht?

Wie es erst fremd und bang
Sich die Stille beschaute,
Leise sich näher getraute
Und jäh entsprang – –!

Weißt du, wir schwiegen und sannen:
Kommt es wohl wieder?
Und wir senkten die Lider.
Tiefe Stunden verrannen.

Herzenstreue

»Und seid ihr glücklich?« – hab ich dann gefragt. –
Mir ist das leise Zittern nicht entgangen.
Und lachend, wie das »Ja«, das du gesagt,
Ist eine Stunde uns vorübergangen.

Doch was mich glühend dir zu Füßen trieb,
Vor deinem Lachen starb es hin in Reue,
Nur eine grenzenlose Achtung blieb
Vor solcher tränenschönen Herzenstreue.

Es ist besser so

Es ist besser so.
Reich mir die Hand. Wir wollen froh
Und lachend voneinander gehn.

Wir würden uns vielleicht nach Jahren
Nicht mehr so gut wie heut verstehn.
So laß uns bis auf Wiedersehn
Ein reines, treues Bild bewahren.
Du wirst in meiner Seele lesen,
Wie mich ergreift dies harte Wort.
Doch unsre Freundschaft dauert fort.
Und ist kein leerer Traum gewesen,
Aus dem wir einst getäuscht erwachen.
Nun weine nicht; wir wollen froh
Noch einmal miteinander lachen. –
Es ist besser so.

Sie spielte einem Dichter die
Phantasie von Chopin

Der schwarze, liederschwangre Schrein
Wies blanke Zähne aus Elfenbein.
Darüber tanzten und streichelten,
Strampften, neckten und schmeichelten
Weiche zehn Fingerchen fitzefein.

Ein Sammetkleid floß dunkelschwer.
Das Sammetkleid hieß Nacht und Meer.
Ein Saum war Schaum. Daraus empor
Stieg nackt und hell die Lieblichkeit,
Die wieder sich zur Dunkelheit
Im Haargewölke ernst verlor ...
Das war es, was mein Auge hielt.

Und kaum die Flut der Klänge schwoll,
Und ehe noch das Lied verspielt:
Mädchen, mein Herz ist übervoll
Des Guten und des Schönen!
Was du gesprochen in Tönen,
Sehnet sich weiter. Ade! Ade!
So will ich tragen es wie ein Weh
Und morgen es wiederbringen;
Soll dann in Worten dir singen.

Die lange Nase

Eine Parabel

Hans wird der Nasenkönig genannt,
Denn er hat eine lange Nase.
Sie rufen's ihm nach auf der Straße.
Hans läßt sie rufen; er macht sich nichts draus,
Die Eltern und Bruder und Schwester zu Haus,
Sie lachen ja alle so oft ihn aus
Und spotten über die Nase.

Hans kommt in die Schule. Er hört, daß man lacht,
Daß man sich über ihn lustig macht,
Daß man vom Nashorn, vom Rüsseltier spricht
Und von der Gurke in seinem Gesicht. –
So folgt ihm der Ulk auf Schritt und Tritt,
Und Hans lacht mit.

Er wird ein Soldat. Er wird ein Mann,
Und überall trifft er den Spottvogel an.
Der pfeift und singt und läßt keine Ruh.
Hans lacht dazu.
Hans lacht dazu, wenn man witzelt und höhnt,
Er hat mit der Zeit sich daran wohl gewöhnt.

Nachtschwärmen

Die alte Pappel schauert sich neigend,
Als habe das Leben sie müde gemacht.
Ich und mein Lieb – hier ruhen wir schweigend –
Und vor uns wallt die drückende Nacht.

Bis sich zwei schöne Gedanken begegnen, –
Dann löst sich der bleierne Wolkenhang.
Goldene, sprühende Funken regnen
Und füllen die Welt mit lustigem Klang.

Ein trüber Nebel ist uns zerronnen.
Ich lege meine in deine Hand.
Mir ist, als hätt ich dich neu gewonnen. –
Und vor uns schimmert ein goldenes Land.

Ein Taschenkrebs und ein Känguruh,
Die wollten sich ehelichen.
Das Standesamt gab es nicht zu,
Weil beide einander nicht glichen.

Da riefen sie zornig: »Verflucht und verdammt
Sei dieser Bureaukratismus!«
Und hingen sich auf vor dem Standesamt
An einem Türmechanismus.

Tante Qualle und der Elefant

Die Tante Qualle schwamm zum Strand.
Es liebte sie ein Elefant,
Mit Namen Hildebrand genannt.
Der wartete am Meeresstrand
Mit einem Sträußchen in der Hand.
Das übergab er ihr galant
Und bat um Tante Quallens Hand.
Da knüpften sie ein Eheband.
Der Doktor Storch, der abseits stand,
Der dachte: »Armer Hildebrand!«
Worauf er weiterging und lachte.
— — — — — — — — — — — — — — — —
Warum der Storch wohl so was dachte?

Ein Nagel saß in einem Stück Holz.
Der war auf seine Gattin sehr stolz.
Die trug eine goldene Haube
Und war eine Messingschraube.
Sie war etwas locker und etwas verschraubt,
Sowohl in der Liebe, als auch überhaupt.
Sie liebte ein Häkchen und traf sich mit ihm
In einem Astloch. Sie wurden intim.
Kurz, eines Tages entfernten sie sich
Und ließen den armen Nagel im Stich.
Der arme Nagel bog sich vor Schmerz.
Noch niemals hatte sein eisernes Herz
So bittere Leiden gekostet.
Bald war er beinah verrostet.
Da aber kehrte sein früheres Glück,
Die alte Schraube, wieder zurück.
Sie glänzte übers ganze Gesicht.
Ja, alte Liebe, die rostet nicht!

Daddeldus Lied an die feste Braut

Lat man goot sin, lütte seute Marie.
Mi no ssavi!
Ich habe deine Photographie
In der Meditteriniensi
Weit draußen auf dem Meere
Damals verloren,
Als ich bei den Azoren
Mit der Bulldog beinah versoffen wäre. –

Bulldog aheu!

Swiethart! Manilahaariges Kitty-Anny-Pipi –
Oder wie du heißt –
Bulldog aheu!
Bei Jesus Chreist
Ich war – seit Konstantinopel – dir immer treu.

Scheek hends! Ehrlich und offen:
Ich bin gar nicht besoffen.

Giff öß e Whisky, du, ach du! Jesus Chreist!

Skool! bleddi Sanofebitsch – Ohne Spott:
Ich glaube, dich hat der liebe Gott
An einem Sonntag zusammengespleißt.
Weißt du, was du bist: Weißt?
Hör mich einmal ernsthaft auf mich.

Du – du bist – mein zweites Ich.
Du mußt mir mal deinen Namen ausbuchstabieren,
Hein soll mir das auf den Arm tätowieren.

Mary, mach mal deinem Daddeldu
Die Hosentür zu.

Ich habe noch immer die graue Salbe von dir,
Das ist ganz egal; das ist auch ein Souvenir.
Wer mir die Salbe nimmt –
Ich bin der gutmütigste Kerl, glaub es mir;
Ich habe noch keinem Catfisch ein Haar gekrümmt –
Wenn ich zurück bin aus Schangei,
Wie Gott will hoffen, –
Wer mir die Salbe nimmt,
Dem hau ik die Kiemen entzwei.

Bulldog aheu! Ich bin nicht besoffen.
Wirklich nicht!
Wirklich nicht!
Wer mir die Salbe krümmt,
Dem renn ich die Klüsen dicht. –
Komm her, Deesy, wir schlagen die Bulldog entzwei.
Wenn ich aus Kiatschu, Kiatschau –
Porko dio Madonna! –
Mary, du alte Sau,
Wer dir die Salbe stiehlt aus Schangei,
Der wird einmal Kapitän Daddeldus Frau.

Noctambulatio

Sie drückten sich schon beizeiten
Fort aus dem Tanzlokal
Und suchten zu beiden Seiten
Der Straße das Gast- und Logierhaus Continental.

So dringlich: Man hätte können glauben,
Er triebe sie vorwärts wie ein Rind.
Und doch handelten beide im besten Glauben.
Er wollte ihr nur die Unschuld rauben.
Sie wollte partout von ihm ein Kind.

Da geschah es, etwa am Halleschen Tor,
Daß Frieda über dem Knutschen und Schmusen
Aus ihrem hitzig gekitzelten Busen
Eine zertanzte, verdrückte Rose verlor.

Und ein sehr feiner Herr, dessen Eleganz
Nicht so rumtoben tut, folgte den beiden.
Jedoch hielt er sich vornehm bescheiden
Immer in einer gewissen Distanz.

Er wollte ursprünglich zum Bierhaus Siechen.
Aber nun hemmte er seinen Lauf,
Zog die Handschuh aus, hob die Rose auf
Und begann langsam daran zu riechen.

Er wünschte aber keinen Augenblicksgenuß;
Deshalb stieg er mit der Rose in den Omnibus.
Derweilen war Frieda mit ihrem Soldaten
Auf einen Kinderspielplatz geraten.

Dort merkten sie nicht, wie die Nacht verstrich
Und daß ein unruhiger Mann mit einem Spaten
Sie dauernd beschlich.

Als sich nach längerem Aufenthalt
Das Paar in der Richtung zur Gasanstalt
Mit kurzen, trippelnden Schritten verlor,

Sprang der unruhige Mann plötzlich hervor.
Und fing an, eine Stelle, wo er im Sand
Die Spur von Friedas Stiefelchen fand,
Mit seinem Spaten herauszuheben.
Worauf er behutsam mit zitternder Hand
Die feuchte Form in ein Sacktuch band,
Um sich dann leichenblaß heimzubegeben.

Wie um das dümmste Mädchen
Sich sonderbare Fädchen
Nachts durch die Straßen ziehn –
Die Dichter und die Maler
Und auch die Kriminaler,
Die kennen ihr Berlin.

Ansprache eines Fremden an eine
Geschminkte vor dem Wilberforcemonument

Guten Abend, schöne Unbekannte! Es ist nachts
                                    halb zehn.
Würden Sie liebenswürdigerweise mit mir schlafen
                                    gehn?
Wer ich bin? – Sie meinen, wie ich heiße?

Liebes Kind, ich werde Sie belügen,
Denn ich schenke dir drei Pfund.
Denn ich küsse niemals auf den Mund.
Von uns beiden bin ich der Gescheitre.
Doch du darfst mich um drei weitre
Pfund betrügen.

Glaube mir, liebes Kind:
Wenn man einmal in Sansibar
Und in Tirol und im Gefängnis und in Kalkutta war,
Dann merkt man erst, daß man nicht weiß, wie
                                    sonderbar
Die Menschen sind.

Deine Ehre, zum Beispiel, ist nicht dasselbe
Wie bei Peter dem Großen *L'honneur*. –
Übrigens war ich – (Schenk mir das gelbe
Band!) – in Altona an der Elbe
Schaufensterdekorateur. –

Hast du das Tuten gehört?
Das ist Wilson Line.

Wie? Ich sei angetrunken? O nein, nein! Nein!
Ich bin völlig besoffen und hundsgefährlich
                                    geistesgestört.
Aber sechs Pfund sind immer ein Risiko wert.
Wie du mißtrauisch neben mir gehst!
Wart nur, ich erzähle dir schnurrige Sachen.
Ich weiß: Du wirst lachen.
Ich weiß: daß sie dich auch traurig machen.
Obwohl du sie gar nicht verstehst.

Und auch ich –
Du wirst mir vertrauen, – später, in Hose und Hemd.
Mädchen wie du haben mir immer vertraut.

Ich bin etwas schief ins Leben gebaut.
Wo mir alles rätselvoll ist und fremd,
Da wohnt meine Mutter. – Quatsch! Ich bitte dich:
                                    Sei recht laut!

Ich bin eine alte Kommode.
Oft mit Tinte oder Rotwein begossen;
Manchmal mit Fußtritten geschlossen.
Der wird kichern, der nach meinem Tode
Mein Geheimfach entdeckt. –
Ach Kind, wenn du ahntest, wie Kunitzburger
                                    Eierkuchen schmeckt!

Das ist nun kein richtiger Scherz.
Ich bin auch nicht richtig froh.
Ich habe auch kein richtiges Herz.
Ich bin nur ein kleiner, unanständiger Schalk.
Mein richtiges Herz. Das ist anderwärts, irgendwo
Im Muschelkalk.

Die Weihnachtsfeier des Seemanns
Kuttel Daddeldu

Die Springburn hatte festgemacht
Am Petersenkai.
Kuttel Daddeldu jumpte an Land,
Durch den Freihafen und die stille heilige Nacht
Und an dem Zollwächter vorbei.
Er schwenkte einen Bananensack in der Hand.
Damit wollte er dem Zollmann den Schädel spalten,
Wenn er es wagte, ihn anzuhalten.
Da flohen die zwei voreinander mit drohenden Reden.
Aber auf einmal trafen sich wieder beide im König von
                                                    Schweden.

Daddeldus Braut liebte die Männer vom Meere,
Denn sie stammte aus Bayern.
Und jetzt war sie bei einer Abortfrau in der Lehre,
Und bei ihr wollte Kuttel Daddeldu Weihnachten feiern.

Im König von Schweden war Kuttel bekannt als
                                                    Krakehler.
Deswegen begrüßte der Wirt ihn freundlich: *»Hallo old
                                                    sailer!«*
Daddeldu liebte solch freie, herzhafte Reden,
Deswegen beschenkte er gleich den König von
                                                    Schweden.

Er schenkte ihm Feigen und sechs Stück Kolibri
Und sagte: »Da nimm, du Affe!«
Daddeldu sagte nie »Sie«.
Er hatte auch Wanzen und eine Masse
Chinesischer Tassen für seine Braut mitgebracht.

Aber nun sangen die Gäste »Stille Nacht,
                                    Heilige Nacht«,
Und da schenkte er jedem Gast eine Tasse
Und behielt für die Braut nur noch drei.
Aber als er sich später mal darauf setzte,
Gingen auch diese versehentlich noch entzwei,
Ohne daß sich Daddeldu selber verletzte.

Und ein Mädchen nannte ihn Trunkenbold
Und schrie: Er habe sie an die Beine geneckt.
Aber Daddeldu zahlte alles in englischen Pfund in Gold.
Und das Mädchen steckte ihm Christbaumkonfekt
Still in die Taschen und lächelte hold
Und goß noch Genever zu dem Gilka mit Rum in
                                    den Sekt.
Daddeldu dacht an die wartende Braut.
Aber es hatte nicht sein gesollt,
Denn nun sangen sie wieder so schön und so laut.
Und Daddeldu hatte die Wanzen noch nicht verzollt,
Deshalb zahlte er alles in englischen Pfund in Gold.

Und das war alles wie Traum.
Plötzlich brannte der Weihnachtsbaum.
Plötzlich brannte das Sofa und die Tapete,

Kam eine Marmorplatte geschwirrt,
Rannte der große Spiegel gegen den kleinen Wirt.
Und die See ging hoch und der Wind wehte.

Daddeldu wankte mit einer blutigen Nase
(Nicht mit seiner eigenen) hinaus auf die Straße.
Und eine höhnische Stimme hinter ihm schrie:
»Sie Daddel Sie!«
Und links und rechts schwirrten die Kolibri.

Die Weihnachtskerzen im Pavillon an der Mattentwiete
                                            erloschen.
Die alte Abortfrau begab sich zur Ruh.
Draußen stand Daddeldu
Und suchte für alle Fälle nach einem Groschen.
Da trat aus der Tür seine Braut
Und weinte laut:
Warum er so spät aus Honolulu käme?
Ob er sich gar nicht mehr schäme?
Und klappte die Tür wieder zu.
An der Tür stand: »Für Damen«.

Es dämmerte langsam. Die ersten Kunden kamen,
Und stolperten über den schlafenden Daddeldu.

Es waren zwei Moleküle

Es waren zwei Moleküle.
Die saßen auf einer Mühle
Und sahen zu, wie das Mühlrad trieb,
Und waren zufrieden und hatten sich lieb.
Und keiner, keiner wußte darum,
Als nur ein Mann, der Adressen schrieb.

Schaudervoll, es zog die reine

Schaudervoll: Es zog die reine,
Weiße, ehrbar keusche Clara
Aus dem Sittlichkeitsvereine
Eines Abends nach Ferrara.
Schaudervoll: Dort, irgendwo,
Floß der Po.
Schaudervoll, doch es geschah
In Ferrara, daß die Clara
Aus dem Sittlichkeitsvereine
Nachts den Po doppelt sah.

Die Geburtenzahl

Die Geburtenzahl
Ging herunter,
Traf den Pfarrer im Tal
Nachts noch munter.

Heidel da diedel dumm
Wie war das schön im Tal!
Aufwärts steigt wiederum
Bald die Geburtenzahl.
*   *   *
Und dann lächelt alles froh
Im statistischen Büro.

Hinterm Hotel

Hinter dem schwarzen Hotelbau lag
Ein Gärtchen, düster bei Nacht wie bei Tag.
Blumenlos waren die Beete,
Weil keine Sonne sie je beschien,
Und grün, aber auch schmutzig grün,
Waren nur die Stakete.

Ein Hausdiener mit Knochenfraß
Und ein Küchenmädchen aus dem Elsaß
Haben dort die Natur besiegt
Und ein Kind gekriegt.

Hinter der Laube, in blattlosen Zweigen
Lebt dort ein gutes Gespenst.
Ich will es dir zeigen,
Ohne daß du's erkennst.

Abschied von Renée

Wann sieht ein Walfisch wohl je
Ein Reh? –
Ach du! Renée!
Und führen wir zusammen zur See,
Wir landeten bei den Wilden. –
Sag: Ist es nicht noch schöner, in Schnee
Als in Erde zu bilden?
Und sei auch kein Fuß an dem Sinn;
Es schweben auf tanzender Melodie
Zwei Federn einer Indianerin
Fort, fort in die weite Prärie.
Ade Renée!
Wie dunkelschön war unser Dach,
Als leise wir viere
Zusammenrückten vor Blitz und Krach. –
Ich streichle euch guten Tiere,
Nun ich geh.
Mir ist so dienstmädchen-donnerstagweh,
Weil ich nun weiterfahre.
Und ich war hundert Jahre
Mit dir zusammen,
Renée.

Kürzeste Liebe

Blöde Bauern, die den biedern
Gruß der Bürger nicht erwidern,
Menschen, die mit halbem Nicken
Danken, ohne aufzublicken.
Prüde, scheue Frauen, leise
Kinder, würdevolle Greise – – –

Aber wenn an Dorf und Feld und
Wald vorbei dein Schnellzug braust,
Du aus deinem Wagen schaust:

Ja dann stehen – stehn auch diese
Ganz dir zugewandt am Hange,
Vor dem Stalltor, auf der Wiese –.
Und sie winken. Winken lange.

Grüßen voll und grüßen frei
Dich und deine Fahrtgenossen.

Und die reinste Liebe wird vergossen
Im Vorbei.

Frankfurt am Main,
September 1923

Wie ich mich auf dich freue!
Nur noch fünf Tage weit!
Wird!
Was ich auch scheue,
Niemals die Zeit.

Ich sitze wo und esse.
Um mich die Herrn von der Messe
Sind alle wichtig im Gefecht.
Ich wollte, ich wäre bezecht.

Nahbei, vor einem stolzen Hotel
(Wo man noch echten Whisky hat),
Schwemmt sich aus schöner Schale ein Quell,
Als weinte eine ganze Stadt
Ihre Zeitnot über den Rand.

Renée, ich küsse deine Hand.
Auf Wiedersehn!
Ich denke: Wenn nächstens vieles fällt,
Wir zwei bleiben stehn,
Solange wir wissen, was uns hält.

Hong-Kong

Ich erhielt heute deinen beleidigten Brief.
Deine Nachschnüffeleien kränken mich tief.
Und erstens ist Tay-Fi kein Frauenzimmer,
Dann zweitens treiben es andre viel schlimmer,
Und drittens hab' ich – parteilos betrachtet –
Zwar mit ihr in einem gemeinsamen Zimmer
Im *Grand Hotel Discrétion* übernachtet,
Doch war überhaupt nur dies Zimmer noch frei,
Und wie die Betten zunander standen
(Vergleiche die kleine Skizze anbei)
Ist gar kein Grund zu Verdächten vorhanden. –
Im übrigen weißt du: Ich liebe dich *sehr*.
So lange von dir getrennt zu sein,
Erträgt aber niemand. Ich bin doch kein Stein,
Und ich brauche – ganz schroff gesagt: mehr Verkehr.
Alle Männer, auch Frauen, ganz nebenher
Gesagt, alle Völker brauchen dasselbe!
Und diese blöde, luetische, gelbe
Chinesin kommt ernstlich doch nicht in Betracht.
Wir haben uns halt mal per Zufall gefunden
Und ein paar anregende Stunden verbracht.
Man kann doch nicht ewig die ausgeschwätzte
Gleiche Gesellschaft und Gegend erleben.

*

Wenn man alle Münchner nach Preußen versetzte
Und umgekehrt. Und auch andererseits,
Etwa die Fakire nach der Schweiz. –

Was würde das Perspektiven ergeben! –
Wollen doch nicht am Alltäglichen kleben.
Großzügig sein! Also zürne nicht mehr. –
Du weißt, welche Zeit dein Brief bis hierher
Bei dem miserablichten Dampferverkehr
Gebraucht und wie lange es wiederum währt,
Bis du endlich meine Rückantwort liest.
Und dann – und ich habe das eben beniest –
Ist doch die ganze Affäre verjährt.

Die Brüder

Der Weekend traf den Weekbeginn:
»Guten Morgen!«
»Guten Abend!«
Sie mochten sich anfangs nicht leiden,
Und immer hatte von beiden
Der eine ein unrasiertes Kinn.

Trotz dieser trennenden Kleinigkeit
Lernten sie doch dann sich leiden
Und gingen klug und bescheiden
Abwechselnd durch die Zeit,

Und gaben einander Kraft und Mut.
Und schließlich waren die beiden
Nicht mehr zu unterscheiden.
Und so ist das gut.

Ich habe dich so lieb

Ich habe dich so lieb!
Ich würde dir ohne Bedenken
Eine Kachel aus meinem Ofen
Schenken.

Ich habe dir nichts getan.
Nun ist mir traurig zu Mut.
An den Hängen der Eisenbahn
Leuchtet der Ginster so gut.

Vorbei – verjährt –
Doch nimmer vergessen.
Ich reise.
Alles, was lange währt,
Ist leise.

Die Zeit entstellt
Alle Lebewesen.
Ein Hund bellt.
Er kann nicht lesen.
Er kann nicht schreiben.
Wir können nicht bleiben.

Ich lache.
Die Löcher sind die Hauptsache
An einem Sieb.

Ich habe dich so lieb.

Alter Mann
spricht junges Mädchen an

Guten Tag! – Wie du dich bemühst,
Keine Antwort auszusprechen.
»Guten Tag« in die Luft gegrüßt,
Ist das wohl ein Sittlichkeitsverbrechen?

Jage mich nicht fort.
Ich will dich nicht verjagen.
Nun werde ich jedes weitere Wort
Zu meinem Spazierstock sagen:

Sprich mich nicht an und sieh mich nicht,
Du Schlankes.
Ich hatte auch einmal ein so blankes,
Junges Gesicht.

Wie viele hatten,
Was du noch hast.
Schenke mir nur deinen Schatten
Für eine kurze Rast.

Ritter Sockenburg

Wie du zärtlich deine Wäsche in den Wind
Hängst, liebes Kind
Vis à vis,
Diesen Anblick zu genießen,
Geh ich, welken Efeu zu begießen.
Aber mich bemerkst du nie.

Deine vogelfernen, wundergroßen
Kinderaugen, ach erkennen sie
Meiner Sehnsucht süße Phantasie,
Jetzt ein Wind zu sein in deinen Hosen –?

Kein Gesang, kein Pfeifen kann dich locken.
Und die Sehnsucht läßt mir keine Ruh.
Ha! Ich hänge Wäsche auf, wie du!
Was ich finde. Socken, Herrensocken;
Alles andre hat die Waschanstalt.
Socken, hohle Junggesellenfüße
Wedeln dir im Winde wunde Grüße.
Es ist kalt auf dem Balkon, sehr kalt.

Und die Mädchenhöschen wurden trocken,
Mit dem Winter kam die Faschingszeit.
Aber drüben, am Balkon, verschneit,
Eisverhärtet, hingen hundert Socken.

Ihr Besitzer lebte fern im Norden
Und war homosexuell geworden.

Umweg

Ging ein Herz durchs Hirn Güte suchen,
Fand sie nicht, doch hörte da durchs Ohr
Zwei Matrosen landbegeistert fluchen,
Und das kam ihm so recht rührend vor.

Ist das Herz dann durch die Nase krochen.
Eine Rose hat das Herz gestochen,
Hat das Herz verkannt.
In der Luft hat was wie angebrannt
Schlecht gerochen.

Und das Wasser schmeckte nach Verrat.
Leise schlich das Herz zurück,
Schlich sich durch die Hand zur Tat,
Hämmerte.
Und da dämmerte
Ihm das Glück.

Schenken

Schenke groß oder klein,
Aber immer gediegen.
Wenn die Bedachten
Die Gaben wiegen,
Sei dein Gewissen rein.

Schenke herzlich und frei.
Schenke dabei,
Was in dir wohnt
An Meinung, Geschmack und Humor,
So daß die eigene Freude zuvor
Dich reichlich belohnt.

Schenke mit Geist ohne List.
Sei eingedenk,
Daß dein Geschenk
Du selber bist.

Mensch und Tier

Wenn ich die Gesichter rings studiere,
Frage ich mich oft verzagt:
Wieviel Menschen gibt's und wieviel Tiere? –
Und dann hab' ich – unter uns gesagt –
Äußerst dumm gefragt.

Denn die Frage interessiert doch bloß
Länderweis statistische Büros,
Und auch diese würden sich sehr quälen,
Um zum Beispiel Läuse nachzuzählen.

Dummer Mensch spricht oft vom dummen Vieh,
Doch zum Glück versteht das Vieh ihn nie.
In dem neuen Korridor von Polen
Gaben sich zwei Pferde einen Kuß,
Und die Folge war ein dünnes Fohlen,
Welches stundenlang
Immer anders, als man dachte, sprang.

Wenn es auch in Polen
Sehr viel Läuse gibt, – –
Aber wer ein solches Fohlen
Sieht und dann nicht liebt,
Bleibe mir gestohlen.

Seepferdchen

Als ich noch ein Seepferdchen war,
Im vorigen Leben,
Wie war das wonnig, wunderbar
Unter Wasser zu schweben.
In den träumenden Fluten
Wogte, wie Güte, das Haar
Der zierlichsten aller Seestuten,
Die meine Geliebte war.
Wir senkten uns still oder stiegen,
Tanzten harmonisch um einand,
Ohne Arm, ohne Bein, ohne Hand,
Wie Wolken sich in Wolken wiegen.
Sie spielte manchmal graziöses Entfliehn,
Auf daß ich ihr folge, sie hasche,
Und legte mir einmal im Ansichziehn
Eierchen in die Tasche.
Sie blickte traurig und stellte sich froh,
Schnappte nach einem Wasserfloh
Und ringelte sich
An einem Stengelchen fest und sprach so:
Ich liebe dich!
Du wieherst nicht, du äpfelst nicht,
Du trägst ein farbloses Panzerkleid
Und hast ein bekümmertes altes Gesicht,
Als wüßtest du um kommendes Leid.
Seestütchen! Schnörkelchen! Ringelnaß!
Wann war wohl das?

Und wer bedauert wohl später meine restlichen
Knochen?
Es ist beinahe so, daß ich weine –
Lollo hat das vertrocknete, kleine
Schmerzverkrümmte Seepferd zerbrochen.

Guten Morgen, mein Schätzchen,
Leb wohl! Du bist wie ein Kätzchen
So schmiegsam und samtig.
Was? Du willst heute kein Geld?
Was dir doch einfällt!
Tust du's denn etwa ehrenamtlich?
Vielleicht für das Kartenlegen?
Sage doch, Liebling, weswegen
Willst du kein Geld heute? Nimm es doch hin!
Weil ich ein armer Künstler bin?
Freilich, wir sind Kollegen.
Das nächstemal leg ich dir wieder die Karten.
Nun muß ich fort. Meine Frau wird warten.
Du weißt doch, daß ich verheiratet bin?
Du aber bleibst meine süße kleine
Freundin. Und Beine hast du! Beine
Wie eine Königin.

Letztes Wort an eine Spröde

Wie ich bettle und weine –
Es ist lächerlich.
Schließe deine Beine! –
Ich liebe dich.

Schließe deine Säume
Oben und unten am Rock.
Was ich von dir träume
Träumt ein Bock.

Sage: Ich sei zu dreist.
Zieh ein beleidigtes Gesicht.
Was »Ich liebe dich« heißt,
Weiß ich nicht.

Zeige von deinen Beinen
Nur die Konturen kokett.
Gehe mit einem gemeinen,
Feschen Heiratsschwindler zu Bett.

Finde ich unten im Hafen
Heute ein hurendes Kind,
Will ich bei ihr schlafen;
Bis wir fertig sind.

Dann: – die Türe klinket
Leise auf und leise zu.
Und die Hure winket –
Glücklicher als du.

Meine erste Liebe?

Erste Liebe? Ach, ein Wüstling, dessen
Herz so wahllos ist wie meins, so weit,
Hat die erste Liebe längst vergessen,
Und ihn intressiert nur seine Zeit.

Meine letzte Liebe zu beschreiben,
Wäre just so leicht wie indiskret.
Außerdem? Wird sie die letzte bleiben,
Bis ihr Name in der »Woche« steht?

Meine Abenteuer in der Minne
Müssen sehr gedrängt gewesen sein.
Wenn ich auf das erste mich besinne,
Fällt mir immer noch ein früh'res ein.

Gedicht in Bi-Sprache

Ibich habibebi dibich,
Lobittebi, sobi liebib.
Habist aubich dubi mibich
Liebib? Neibin, vebirgibib.

Nabih obidebir febirn,
Gobitt seibi dibir gubit.
Meibin Hebirz habit gebirn
Abin dibir gebirubiht.

Ferngruß von Bett zu Bett

Wie ich bei dir gelegen
Habe im Bett, weißt du es noch?
Weißt du noch, wie verwegen
Die Lust uns stand? Und wie es roch?

Und all die seidenen Kissen
Gehörten deinem Mann.
Doch uns schlug kein Gewissen.
Gott weiß, wie redlich untreu
Man sein kann.

Weißt du noch, wie wir's trieben,
Was nie geschildert werden darf?
Heiß, frei, besoffen, fromm und scharf.
Weißt du, daß wir uns liebten?
Und noch lieben?

Man liebt nicht oft in solcher Weise.
Wie fühlvoll hat dein spitzer Hund bewacht.
Ja unser Glück war ganz und rasch und leise.
Nun bist du fern.
Gute Nacht.

An Peter Scher

Mein lieber Peter Scher,
Horch her:

Ich hätte dich manchmal hassen
Und an der Gurgel fassen
Wollen, dich, den der Ringelnatz liebt.
Weil du nicht lernst, daß es Etwasse gibt,
Die gar nichts mit sich anfangen lassen.
Oder weil du, der auch du mich liebst,
Das nicht zugibst.
Und gerade auf das Zugeben
Kommt's an im Leben.

Du bist oft an falscher Stelle zu dick.

Wir sind Freunde auf Lebenszeit.
Ich kenne deine Vergangenheit.
Und ich weiß: Im wichtigen Augenblick
Bist du ganz und groß und hilfsbereit.

Das Mädchen mit dem Muttermal

Chanson

Woher sie kam, wohin sie ging,
Das hab' ich nie erfahren.
Sie war ein namenloses Ding
Von etwa achtzehn Jahren.
Sie küßte selten ungestüm.
Dann duftete es wie Parfüm
Aus ihren keuschen Haaren.

Wir spielten nur, wir scherzten nur;
Wir haben nie gesündigt.
Sie leistete mir jeden Schwur
Und floh dann ungekündigt,
Entfloh mit meiner goldnen Uhr
Am selben Tag, da ich erfuhr,
Man habe mich entmündigt.

Verschwunden war mein Siegelring
Beim Spielen oder Scherzen.
Sie war ein zarter Schmetterling.
Ich werde nie verschmerzen,
Wie vieles Goldene sie stahl,
Das Mädchen mit dem Muttermal
Zwei Handbreit unterm Herzen.

Genau besehn

Wenn man das zierlichste Näschen
Von seiner liebsten Braut
Durch ein Vergrößerungsgläschen
Näher beschaut,
Dann zeigen sich haarige Berge,
Daß einem graut.

X *... als eine Reihe von guten Tagen*

Wir wollen uns wieder mal zanken,
Auf etwas hacken wie Raben,
Daß unsre zufriednen Gedanken
Eine Ablenkung haben.

Wir wollen irgendein harmloses Wort
Entstellen,
Dann uns verleumden und zum Tort
Etwas tun; das schlägt dann Wellen.

Wir wollen dritte aufzuhetzen
Versuchen,
Dann unsere Freundschaft verfluchen,
Einmal sogar ein Messer wetzen,
Dann aber uns – in Blickweite –
Auseinander zusammensetzen,
Um superior jedem weiteren Streite
Auszuweichen;
Mit dem Schwur beiseite:
Uns nimmermehr zu vergleichen.

Dann wollen wir, jeder mit Ungeduld,
Ein paar Nächte schlecht träumen,
Dann heimlich eine gewisse Schuld
Dem anderen einräumen,
Dann lächeln, dann seufzen, dann stöhnen,
Dann plötzlich uns gründlich bezechen,

Dann von dem vergänglichen, wunderschönen
Leben sprechen.

Und dann uns wieder einmal versöhnen.

An M.

Der du meine Wege mit mir gehst,
Jede Laune meiner Wimper spürst,
Meine Schlechtigkeiten duldest und verstehst – –.
Weißt du wohl, wie heiß du oft mich rührst?

Wenn ich tot bin, darfst du gar nicht trauern.
Meine Liebe wird mich überdauern
Und in fremden Kleidern dir begegnen
Und dich segnen.

Lebe, lache gut!
Mache deine Sache gut!

Einsamer Spazierflug

Nun ich wie gestorben bin
Und wurde ein Engelein,
Fliege ich über dein Wohnhaus hin.
Häuschen klein.

Die du als Witwe wieder umworben
Sein magst,
Da ich doch schon verstorben
Bin –. Was du wohl sagst?
Ob du gefaßt bist oder klagst?

Oder ob dein Humor wieder steht,
Du dessen eingedenk bist,
Daß ein aufrichtiges Gebet
Ein unterweges Selbstgeschenk ist?
Ach, wie es dir wohl geht?

Ob du dich verlassen meinst?
Ob du gar Gott verneinst,
Anstatt daß du dankbar
Bist. Wüßte ich, daß du jetzt so weinst
Wie einst, da ich krank war,
Kippte ich die Maschine kurz
Steil ab auf Sturz.

Oder sollte einem Engelein
Solch ein Kegelpurz
Verboten sein??

Versöhnung

Es ließe sich alles versöhnen,
Wenn keine Rechenkunst es will.
In einer schönen,
Ganz neuen und scheuen
Stunde spricht ein Bereuen
So mutig still.

Es kann ein ergreifend Gedicht
Werden, das kurze Leben,
Wenn ein Vergeben
Aus Frömmigkeit schlicht
Sein Innerstes spricht.

Zwei Liebende auseinandergerissen:
Gut wollen und einfach sein!
Wenn beide das wissen,
Kann ihr Dach wieder sein Dach sein
Und sein Kissen ihr Kissen.

Frühling

Die Bäume im Ofen lodern.
Die Vögel locken am Grill.
Die Sonnenschirme vermodern.
Im übrigen ist es still.

Es stecken die Spargel aus Dosen
Die zarten Köpfchen hervor.
Bunt ranken sich köstliche Rosen
In Faschingsgirlanden empor.

Ein Etwas, wie Glockenklingen,
Den Oberkellner bewegt,
Mir tausend Eier zu bringen,
Von Osterstören gelegt.

Ein süßer Duft von Havanna
Verweht in ringelnder Spur.
Ich fühle an meiner Susanna
Erwachende neue Natur.

Es lohnt sich manchmal, zu lieben,
Was kommt, nicht ist oder war.
Ein Frühlingsgedicht, geschrieben
Im kältesten Februar.

Dreiste Blicke

Über die Knie
Unter ein Röckchen zu schaun – –
Wenn sie doch das und die
Haben, die schönen Fraun!

Über einen öffnenden Saum
In Täler zwischen Brüstchen
Darf Blick wie stiller Traum
Stürzen sein Lüstchen.

Sollen doch Frauen auch
So blicken, – nicht schielen –
Wenn Arm, Popo und Bauch
In Fältchen spielen.

Nimm, was der Blick dir gibt,
Sei es, was es sei.
Bevor sich das selber liebt,
Ist's schon vorbei.

Klein-Dummdeifi

Klein-Dummdeifi ging vorüber,
Witzig wie ein Nasenstüber.
Doch ihr schnippisches Geschau
Spielte Hochmut und verneinte,
Ungefragt, was ich nicht meinte,
Sah in mir nur »Kerl zur Frau«.

Daß ich beinah um sie weinte,
Ahnt sie nicht. Ihr eignes, scheues
Proletarisch, tierisch treues
Abwehr-Notgesicht
Kennt sie nicht.

Hab mit ihr nicht angebandelt,
Liebte, schwieg und ging.

Klein-Dummdeifi, junges Ding!
Du und ich! – Die Zeit verwandelt.

Ob auch mir jemals jemand begegnete,
Der mich dumm fand und doch segnete? –

Zimmermädchen

Die Zimmermädchen der Hotels,
Die meine Betten schlagen und dann glätten,
Ach wenn sie doch ein wenig Ahnung hätten
Vom Unterschiede zwischen Polster und Fels.

Ach wüßtet ihr, wie süß ihr für mich ausseht
Im Arbeitskleid, ihr Engel der Hotels!

Wenn wirklich eine heimlich mit mir ausgeht,
Dann trägt sie Seide und trägt sogar Pelz,
Sei's auch nur Wunderwandlung Hasenfells.

Dann im Café krümmt ihr beim Tasseheben
Den kleinen, roten Finger nach Manier.

Und du merkst nicht, wie gern ich doch mit dir
Oft eine Stunde möchte unmanierlich leben.
Und würde dann – nebst Geld – als Souvenir
Ein schließend, stilles, zartes Streicheln geben.

Und würdet ihr dies Streicheln doch nicht spüren.
Denn ihr bedient nur Nummern an den Türen.

Und wenn sie schlichte Ehre eng verschließen,
Dann dienen sie, da andere genießen.

Hab ich euch tausendmal in Korridoren
Heiß zugesehn und heiser angesehn,
Was ich erträumte, war voraus verloren.
Denn meine Liebe könnt ihr nicht verstehn.

Freundschaft

Zweiter Teil

Die Liebe sei ewiger Durst.
Darauf müßte die Freundschaft bedacht sein.
Und, etwa wie Leberwurst,
Immer neu anders gemacht sein.

Damit man's nicht überkriegt.
Wer einmal den Kanal
Überfliegt,
Merkt: Der ist so und so breit.
Und das ändert sich kaum
In menschlein-absehbarer Zeit.
Wohl aber kann man dies Zwischenraum
Schneller oder kürzer durchqueren.
Wie? Das muß die Freundschaft uns lehren.

Ach, man sollte diesen allerhöchsten Schaft,
Immer wieder einmal jünglingshaft
Überschwenglich begießen.
Eh' uns jener ausgeschlachtete Knochenmann
                              dahinrafft.

Offener Antrag auf der Straße

Ich habe einen Frisiersalon.
Komm mit. Dort wollen wir knutschen.
Ich wollte, ich wäre ein Malzbonbon
Und du, du würdest mich lutschen.

Wir geben dem Lehrbub den Nachmittag frei
Und schreiben »Geschlossen bis sieben«.
Ich habe Rotwein im Laden und drei
Dicke Roßhaarsäcke zum Lieben.

Ich werde dich unentgeltlich frisiern
Und dir die Nägel beschneiden.
Du brauchst dich gar nicht vor mir geniern,
Denn ich mag dicke Fraun leiden.

Ich habe auch Schwarzbrot und Butter und Quark
Und außerdem einen großen – –
Donnerwetter, sind deine Muskeln stark!
Du, zeig mal: Was hast du für Hosen?

Wenn du dann fortgehst, bedanke dich nicht,
Sondern halt es mit meinem Freund Franke.
Der sagt immer, wenn man vom lieben Gott spricht:
»Wem's gut geht, der sagt nicht danke.«

Schöne Fraun mit schönen Katzen

Schöne Fraun und Katzen pflegen
Häufig Freundschaft, wenn sie gleich sind,
Weil sie weich sind
Und mit Grazie sich bewegen.

Weil sie leise sich verstehen,
Weil sie selber leise gehen,
Alles Plumpe oder Laute
Fliehen und als wohlgebaute
Wesen stets ein schönes Bild sind.

Unter sich sind sie Vertraute,
Sie, die sonst unzähmbar wild sind.

Fell wie Samt und Haar wie Seide.
Allverwöhnt. – Man meint, daß beide
Sich nach nichts, als danach sehnen,
Sich auf Sofas schön zu dehnen.

Schöne Fraun mit schönen Katzen,
Wem von ihnen man dann schmeichelt,
Wen von ihnen man gar streichelt,
Stets riskiert man, daß sie kratzen.

Denn sie haben meistens Mucken,
Die zuletzt uns andre jucken.

Weiß man recht, ob sie im Hellen
Echt sind oder sich verstellen?

Weiß man, wenn sie tief sich ducken,
Ob das nicht zum Sprung geschieht?
Aber abends, nachts, im Dunkeln,
Wenn dann ihre Augen funkeln,
Weiß man alles oder flieht
Vor den Funken, die sie stieben.

Doch man soll nicht Fraun, die ihre
Schönen Katzen wirklich lieben,
Menschen überhaupt, die Tiere
Lieben, dieserhalb verdammen.

Sind Verliebte auch wie Flammen,
Zu- und ineinander passend,
Alles Fremde aber hassend.

Ob sie anders oder so sind,
Ob sie männlich, feminin sind,
Ob sie traurig oder froh sind,
Aus Madrid oder Berlin sind,
Ob sie schwarz, ob gelb, ob grau, –

Auch wer weder Katz noch Frau
Schätzt, wird Katzen gern mit Frauen,
Wenn sie beide schön sind, schauen.

Doch begegnen Ringelnatzen
Häßlich alte Fraun mit Katzen,
Geht er schnell drei Schritt zurück.
Denn er sagt: Das bringt kein Glück.

Trennung von einer Sächsin

1928

Ich kann dir alles verzeihn.
Aber du mußt mir die Freiheit lassen,
Mich nicht mehr mit dir zu befassen.
Sächsische Quengelein,
Auch wenn man ihrer nur träumt,
Sind etwas, womit man die Zeit versäumt.

Du hast viel warmes Gemüt
Und lügst oft aus Höflichkeit.
Und auf diesem Boden blüht
Und gedeiht die Geschmacklosigkeit.

Ich weiß das genau. Denn ich bin
In Sachsen erwachsen. Das zu verschweigen
Oder deswegen mokant sich zu zeigen,
Hätte nicht – – oder nur sächsischen Sinn.

Ich kann deiner Falschheit nicht trauen.
Geh jetzt zur Ruh!
Blondhaarig mit schwarzen Brauen,
So schönes Mädchen du!

Aussichten sind unendlich weit.
Aber Sächsisch in dieser Zeit,
Eins, Neun, Zwo, Acht – – –
Gute Nacht.

Als sie dann traurig ging,
Ward mir so bang und kalt.
Gab ich ihr keinen Halt.
Armes Ding!

Fluidum

Von Auge zu Auge wogen
Moleküle Gefühle,
Ehe das Auge sieht,
Ehe sich das Gesicht
Zur Miene verzieht,
Ehe der Mund verlogen
Oder verlegen spricht.

Wenn sie genauer erkennend sich
Verachten oder hassen – – –

Müßten zwei Höfliche eigentlich
Wortlos einander verlassen.

Aber wenn jene zarten Fluiden
Kampfredlich oder in Frieden
Im Begegnen
Einander segnen – – –

Ist es denn irgendwie schlimm,
Wenn zwei Menschen, die sich leiden
Können, ohne Wort, ohne Nimm
Und ohne Gib
Bald wieder vonander scheiden?
»Den oder die habe ich lieb.«

Zu dir

Sie sprangen aus rasender Eisenbahn
Und haben sich gar nicht weh getan.

Sie wanderten über Geleise,
Und wenn ein Zug sie überfuhr,
Dann knirschte nichts. Sie lachten nur.
Und weiter ging die Reise.

Sie schritten durch eine steinerne Wand,
Durch Stacheldrähte und Wüstenbrand,
Durch Grenzverbote und Schranken
Und durch ein vorgehaltnes Gewehr,
Durchzogen viele Meilen Meer. –

Meine Gedanken. –

Ihr Kurs ging durch, ging nie vorbei.
Und als sie dich erreichten,
Da zitterten sie und erbleichten
Und fühlten sich doch unsagbar frei.

Natur

Wenn immer sie mich fragen,
Ob ich ein Freund sei der Natur,
Was soll ich ihnen nur
Dann sagen?

Ich kann eine Bohrmaschine,
Einen Hosenträger oder ein Kind
So lieben wie eine Biene
Oder wie Blumen oder Wind.

Ein Sofa ist entstanden,
So wie ein Flußbett entstand.
Wo immer Schiffe landen,
Finden sie immer nur Land.

Es mag ein holder Schauer
Nach einem Erlebnis in mir sein.
Ich streichle eine Mauer
Des Postamts. Glatte Mauer aus Stein.

Und keiner von den Steinen
Nickt mir zurück.

Und manche Leute weinen
Vor Glück.

Nach der Trennung. Lichterfelde

War so oft schon dieses Scheiden.
»Lebewohl!« (Auf nur vier Wochen)
Schon gemeinsam schwer gesprochen, –
Schwerer jedem dann von beiden.

Jedes lächelte und lachte
Über das, was Üblich sprach.
Jedes wußte das und dachte
Hinterher ganz anders, lange nach.

Dies Berlin ist grausig tief und flach
Und so breit. Es gibt dafür kein Dach.
Schaurig schon, daß Menschen dort verschwinden.
Aber stelle arme Fraun dir vor, die dort
Schamvoll irrend einen öffentlichen Abort
Suchen und nicht finden.

Lichterfelde. Blieb mein D-Zug stehn.
Und ich sah im Schnellzug *vis-à-vis*
Ein so blasses schönes Eisenbahnergesicht,
Wie ich fremdfern nie
Ein Gesicht so innig hab gesehn.

Du, du meine Frau, wirst mich verstehn.

Aus

Nun geh ich stumm an dem vorbei,
Wo wir einst glücklich waren,
Und träume vor mich hin: Es sei
Alles wie vor zwei Jahren.

Und du bist schön, und du bist gut
Und hast so hohe Beine.
Mir wird so loreley zumut,
Und ich bin doch nicht Heine.

Ich klappe meine Träume zu
Und suche mir eine Freude.
Auf daß ich nicht so falsch wie du
Mein Stückchen Herz vergeude.

Reiseabschied von der Frau

Nun wechselt mir die Welt,
Und andre Leute lenken
Mein Handeln und mein Denken.
Und ich bin einzeln hingestellt,
Bin frei und ohne Frau.

Wie schön! – So es vorübergeht!!
Weil wir einander so genau
Durchkennen und – –

Ein Wind, der weht,
Gewitter funkt,
Weil Neues Altes säubern muß.

Mein letztes Lebewohl, ein Kuß,
Ist nur, wie in der Schrift, ein Punkt.

Bestehendes,
Sei's Stein, braucht Fluß,
Braucht Wehendes.

Es lohnt sich doch

Es lohnt sich doch, ein wenig lieb zu sein
Und alles auf das Einfachste zu schrauben.
Und es ist gar nicht Großmut zu verzeihn,
Daß andere ganz anders als wir glauben.

Und stimmte es, daß Leidenschaft Natur
Bedeutete im guten und im bösen,
Ist doch ein Knoten in dem Schuhband nur
Mit Ruhe und mit Liebe aufzulösen.

Schöne Frau ging vorbei

Eine Falte in deinem Kleid
Hat wie eine Woge geschaukelt,
Hat Träume mir vorgegaukelt:
Wie schön ihr seid, wie ihr seid.

Einer Woge glich diese Falte,
Von deinem Atem aufgewühlt.
Und trotzig hat diese kalte
Welle dein warmes Fleisch umspült.

Es glätten keine Bedenken solch
Bezaubernd wogende Faltung.
Ich ging an dir vorbei, wie ein Strolch
An einer städtischen Verwaltung.

Verpufftes Gewitter

Hat mich ein Gewitter
Gestern so nervös gemacht.
Hat ein Magenbitter
Mich dann bös gemacht.
Sekt, den ich bestellte, weil
Ich froh werden wollte,
Wirkte nur ins Gegenteil.

Und der Donner grollte.
Daß ich herz- und magenkrank
Weiterbummelnd mich betrank.

Und ich weiß nur noch:
Eine Dame, die
Unterm Ärmel nach Lavendel roch,
Hat mich abgeküßt. – Ach und wie!
Und ich war vernarrt,
Weil sie so apart
Sagte, daß ich »herbstzeitlose« sei.
Diese Taschendiebin
Griff diskret und lieb in
Meine Tasche dabei.

Heimliche Stunde

Ein kleiner Spuk durch die Dampfheizung ging.
Keine Uhr war aufgezogen.
Ein zu früh geborener Schmetterling
Kam auf das Schachbrett geflogen.

Es ging ein Blumenvasenblau
Mit der Sonne wie eine Schnecke.
Ich liebe Gott und meine Frau,
Meine Wohnung und meine Decke.

Unterwegs

Wenn mir jetzt was begegnete,
Was mich tot machte ganz und gar;
So, daß der uns verregnete
Abschied gestern der letzte war,

So würde doch, was dann versäumt
Wäre, den Trost noch finden:
Das Leid, das von der Liebe träumt,
Muß auch in Liebe schwinden.

Belauschte Frau

Doch ihr Gesicht,
Das sah ich nicht.
Nur Beine, Rock, gebeugten Rücken,
Ein nasses Stück vom Schürzenhang.

Das alles lebte sich beim Bücken
Und Wenden unterm Küchenlicht.

Ich aber stand im dunklen Gang,
Sah nach den unbewachten Beinen
Unter des hochgerutschten Rockes Saum.
Zwei sichre Arme dachte sich mein Traum.
Nur ihr Gesicht, das sah ich nicht.

Doch etwas war, als wäre es zum Weinen.

Kein Laut, kein Wort. –
Es ist auch nichts Zunennendes gewesen.
Ich aber weiß: Als ich den Gang verließ,
Schlich ich ganz innig leise fort,
Und war betrübt, als ich doch einen Besen
Umstieß.

Begegnung

So viele schöne Pfirsiche sind,
In die niemand beißt.

Die Gier kann auch ein verschämtes Kind
Sein. Was du nicht weißt.
Ohne Lüge kann ich mancherlei
Dir sagen, klänge dir wie Gold.
Doch zeigte ich mein Wahrstes ganz frei,
Wärest du mir nicht mehr hold.

Mädchen, versäume dich nicht
Und hüte dich vor List!
Ich aber träume dich,
Wie du gar nicht bist.

Ich bringe der Frau eine Freundin

Darf ich dir meine liebe Freundin bringen,
Dir, meiner allerliebsten Frau?

Der Himmel ist in dem Moment ganz blau.
Tausend durchsichtige Nachtigallen singen.

Oh, laß kein Wölkchen auf und bring kein Schweigen.
Laß meine Freundin sich nicht tief verneigen.
Gib deine Hand!

Ich weiß, daß du sie gibst
Und auch kein Wölkchen und kein Schweigen bringst.
Weil du die Lieben deines Liebsten liebst.
Es war auch nur ein Scherz, dich so zu bitten.

Wo je ich ging, wenn irgendwo du gingst,
Bin ich doch immer neben dir geschritten.

Die Freundin bringt mich ihrem Mann

Es sollte eigentlich nicht fraglich,
Nicht anders als zuvor geschildert sein.
Und dennoch ist das unbehaglich
So unter drein.

Mir zagt die Wahrheit. Ach es kann
Schön sein: zwei Frauen und ein Mann.
Gefällt es umgekehrt mir nicht,
Weil Selbstsucht spricht?

Gib frei und gleich dich zu erkennen.
Die Stunde ließ sich nicht vermeiden.
Was wir verdientes Schicksal nennen,
Wird richtig fügen oder scheiden.

Die Einigkeit der Meerestropfen
Ist eine Macht. Macht Herzen klopfen.
Wenn sie im Prall auch auseinanderstieben,
Was sagt's? Wer weiß, ob sich die Tropfen lieben.

Postkarte

Sonjalein, Sonjalein,
In der fernen Stadt.
Jetzt beim Wein denk ich Dein.
Vor mir frißt ein Nimmersatt,
Der schon viel gefressen hat,
Weiter Schwein für Schwein.
Ich bin ganz allein.

Sonjalein, Sonjalieb,
Sonja, Sonjaleinchen,
Um bescheidenes Vogelpiep
Kümmert sich kein Schweinchen.

An M. zum Einzug in Berlin

Morgen, wenn du einfährst in Berlin,
Bin ich da,
Denk ich an die Scharen von Staren,
Die nach Afrika ziehn.

Sorgenmürbe bist du nachts gefahren.
Einer Sommermorgensonne möcht ich gleichen,
Wenn du mir die lieben Hände reichen
Wirst. –

Willkommen in Berlin! Und gib
Alle Koffer mir zum Tragen.

Neue Heimat läßt mich neu dir sagen:
So wie dich hab ich kein andres lieb.

Entgleite nicht

Wer hätte damals das gedacht!?
Von mir!? – Wie war ich davon weit!

Dann stieg ich, stiegen wir zu zweit
Und sagten glücklich vor der Nacht:
»Kehr nie zurück, bedankte Ärmlichkeit!«

Es war ein wunderschönes Hausen
In guter, kleinerbauter Heimlichkeit. –

Ganz winzige, herzförmige Fenster gibt's. –

Im reichen Raum vergißt man leicht das Draußen. –

Entgleite nicht, du Glück der Einfachheit.

Umarm ihn nicht

Umarme den, der dir gefällt.
Vorbei ist er dir leicht verloren.

Ich nehme an, dein Geist hat Ohren
Zu hören, was man von dir hält.

Umarme ihn, wenn eine Glut
Dich vorwärts drängt, ihn zu begrüßen.
Dann leg ihm deinen Mut zu Füßen.
Und mache kein Geschäft. – Sei gut.

Du warst zu dreist, wenn du nicht lesen
Kannst, ob ihn die Umarmung freut.

Ich bin auch mehrmals so in Glut gewesen
Und hielt mich still. Hab mich gescheut
Und hab Versäumtes hinterher bereut.

Und glaube doch: Wir brauchen weite Fernen,
Einander wahr und rein kennen zu lernen.

Geradewegs

Was in uns lebt, soll immer in uns leben,
Wenn's gut ist,
Was immer sich auch mag begeben
Und wie auch immer uns zumut ist.

Natürlich kommt's, daß wir zuweilen
Entgleisen.
Dann kann kein Eigensinn das heilen.

Doch schon mit einem versuchsweisen,
Reuigen Lächelchen
Flickst du
Das eingerissene Löchelchen
Wieder zu.

Sehnsucht nach zwei Augen

September 1930

Diese Augen haben um mich geweint.
Denk ich daran, wird mir weh.
Wie die mir scheinen und spiegeln, so scheint
Keine Sonne, spiegelt kein See.

Und rührend dankten und jubelten sie
Für das kleinste gute Wort.
Diese Augen belogen mich nie.

Nun bin ich weit von ihnen fort,
Getrennt für Zeit voll Ungeduld.
Da träumt's in mir aus Leid und Schuld:
Daß sie noch einmal weinen
Werden über meinen
Augen, wenn ich tot bin.

Wupper-Wippchen

Als in Elberfeld wir in der Schwebebahn
Runter auf das Wupperwasser sahn
Und dann plötzlich unsre Blicke hoben
Gen einander ins Gesicht,
Hätten wir uns eigentlich verloben
Können. – Doch wir taten's nicht.
Weil man manchmal in der Schwebe Schweigen
Vorzieht. Um bald wieder auszusteigen.

Mißglücktes Liebesabenteuer

Das Herz sitzt über dem Popo. –
Das Hirn überragt beides.
Leider! Denn daraus entspringen so
Viele Quellen des Leides.

Doch ginge uns plötzlich das Hirn ins Gesäß
Und die Afterpracht in die Köpfe,
Wir wären noch minder als hohles Gefäß,
Nur gestürzte, unfertige Töpfe.

Herz, Arsch und Hirn. – Ich ziehe retour
Meine kleinliche Überlegung. –
Denn dieses ganze Gedicht kommt nur
Aus einer enttäuschten Erregung.

Ehebrief

Nun zeigt ein Brief, daß ich zu lange
Nicht sonderlich zu dir gewesen bin.
Ich nahm das Gute als Gewohntes hin.
Und ich vergaß, was ich verlange.

Verzeihe mir. – Ich weiß, daß fromme
Gedanken rauh gebettet werden müssen.
Ich danke jetzt. – Wenn ich nach Hause komme,
Will ich dich so wie vor zehn Jahren küssen.

Die Bitte um Verzeihung

Es schneidet mir deine Bitte
»Verzeihe mir« ins Herz hinein.
Daß ich viel lieber durchlitte
Das, was verziehen will sein.

Und möchte selber nicht missen
Die Liebe, die mein Falschtun rügt.
Weil eins von zwei Gewissen
Uns beiden doch nicht genügt.

Verziehen ist. – Verzeihe
Nun du! Du hast zu viel geweint.
Und segeln wir fromm ins Freie.
Da wieder die Sonne scheint.

Ein Liebesbrief

Dezember 1930

Von allen Seiten drängt ein drohend Grau
Uns zu. Die Luft will uns vergehen.
Ich aber kann des Himmels Blau,
Kann alles Trübe sonnvergoldet sehen.
Weil ich dich liebe, dich, du frohe Frau.

Mag sein, daß alles Böse sich
Vereinigt hat, uns breitzutreten.
Drei Rettungswege gibt's: zu beten,
Zu sterben und »Ich liebe dich!«

Und alle drei in gleicher Weise
Gewähren Ruhe, geben Mut.
Es ist wie holdes Sterben, wenn wir leise
Beten: »Ich liebe dich! Sei gut!«

Marter in Bielefeld

Es war in Bielefeld so bitter kalt.
Ich sah ein Weib, das nichts als eine knappe
Hemdhose trug. Daß ich erschauerte
Und ihren kalten Zustand heiß bedauerte.
Denn sie war nur Attrappe – Fleisch aus Pappe.

Ich wäre gar zu gern zu zweit gewesen.
Nun stand ich vor der reizenden Gestalt,
Mußte herabgesetzte Preise lesen,
Und ach, die Ladenscheibe war so kalt.

Der Frost entlockte meiner Nase Tränen.
Die Dame schwieg. Die Sonne hat gelacht.
In mir war qualvoll irgendwas entfacht.
Es kann kein Mann vor Damenwäsche gähnen.

Tropensehnsucht

Nashornida nannte ich die Kleine.
Eigentlich klingt das so mild.
Nashornida hatte Trampelbeine
Und war wild.

Nashornida hat mir einen Knochen,
Alle Gläser, Porzellan und die
Linke Wand vom Kleiderschrank zerbrochen.

Doch sie hat nach Afrika gerochen,
Und das reizte meine Phantasie.

Ein ganzes Leben

»Weißt du noch«, so frug die Eintagsfliege
Abends, »wie ich auf der Stiege
Damals dir den Käsekrümel stahl?«

Mit der Abgeklärtheit eines Greises
Sprach der Fliegenmann: »Gewiß, ich weiß es!«
Und er lächelte: »Es war einmal –«

»Weißt du noch«, so fragte weiter sie,
»Wie ich damals unterm sechsten Knie
Jene schwere Blutvergiftung hatte?« –

»Leider«, sagte halb verträumt der Gatte.

»Weißt du noch, wie ich, weil ich dir grollte,
Fliegenleim-Selbstmord verüben wollte?? –

Und wie ich das erste Ei gebar?? –
Weißt du noch, wie es halb sechs Uhr war?? –
Und wie ich in Milch gefallen bin?? –«

Fliegenmann gab keine Antwort mehr,
Summte leise, müde vor sich hin:
»Lang, lang ist's her – – lang – – –«

Vor einem Kleid

Karo ist in deinem Kleid,
Eine ganze Masse
Karo-Asse.

Wieviel Karos ihr wohl seid
In dem Kleid? – Das Kleid ist nett.

Karos sind im armen Bett.

Nun ich habe nicht gezählt,
Wenn mich auch die Frage,
Wieviel es wohl sind, doch quält.
(Immer wieder seh' ich hin.)

Weil ich männlich bin,
Rock und Hose trage,
Paßt solch Muster nicht für mich.
Karo ist zu munter.

Aber ich bestaune dich,
Fremdes Mädchen, hübsche Maid.
Karo ist in deinem Kleid.

Ist ein Cœur darunter?

Telefonischer Ferngruß

Ich grüße dich durchs Telefon,
Guten Morgen, du Gutes!
Ich sauge deiner Stimme Ton
In die Wurzeln meines Mutes.

Ich küsse dich durch den langen Draht,
Du Meinziges, du Liebes!
Was ich dir – nahe – je Böses tat,
Aus der Ferne bitt ich: Vergib es!

Bist du gesund? – Gut! – Was? – Wieviel? –
Nimm's leicht! – Vertraue! – Und bleibe
Mir mein. – – Wir müssen dies Wellenspiel
Abbrechen – – Nein, »dir« Dank! – – Ich schreibe! – –

Essen ohne dich

Ich habe mich hungrig gefühlt,
Doch fast nichts gegessen.
War alles lecker, das Bier so schön gekühlt –
Aber: Du hast nicht neben mir
Gegessen.

Verzeihe: Ich stellte mir vor,
Daß das ewig so bliebe,
Wenn du vor mir – –
Ach was geht über Liebe?!!

Muß ich nun doch
Ein paar Tage noch
Fressen, ohne Lust; o das haß ich. –
Aber wenn du von der Reise
Heimkehrst, weiß ich, daß ich
Wieder richtig speise.

Privat-Telegramm

Unsere Kasse darf leer sein.
Doch dein Herz darf nicht schwer sein.

Jedes entschlüpfte harte Wort
Von mir, – streichle du sofort!
Und rate mir in gleichem Sinn!!!
Jedes Schmollschweigen tobt ohne Sinn

Hetzerisch durch die Brust.
Ärger ist stets Verlust,
Und Verzeihung ist immer Gewinn.

Unsrer beider Herzen mögen schwer sein
Durch gemeinsames Mißgeschick.
Aber keine Stunde zwischen uns darf liebeleer sein.

Denn ich liebe dich durch dünn und dick.

Jenem Stück Bindfaden

Bindfaden, an den ich denke,
Kurz warst du, und lang ist's her.

Ohne dich wäre das so schwer
Und so hoffnungslos gewesen.

Auf der Straße von mir aufgelesen,
Halfst du mir,
Mir und meiner Frau. – Wir danken dir,
Ich und meine Frau.

Bindfaden, du dünne Kleinigkeit
Wurdest mir zum Tau. –
Damals war Hungerszeit;
Und ich hätte ohne dich in jener Nacht
Den Kartoffelsack nicht heimgebracht.

Gnädige Frau, bitte trösten Sie mich

Gnädige Frau, bitte trösten Sie mich
Über mein inneres Grau.
Das ist kein Scharwenz um ein Liebedich. –
Gnädige Frau, seien Sie gnädige Frau.

Mein Herz ward arm, meine Nacht ist schwer,
Und ich kann den Weg nicht mehr finden. –
Was ich erbitte, bemüht Sie nicht mehr,
Als wenn Sie ein Sträußchen binden.

Es kann ein Streicheln von euch, ein Hauch
Tausend drohende Klingen verbiegen.

Gnädige Frau,
Euer Himmel ist blau!

Ich friere. Es ist so lange kein Rauch
Aus meinem Schornstein gestiegen.

Kleines Gedichtchen

Kleines Gedichtchen,
Ziehe denn hinaus!
Mach ein lustiges Gesichtchen.
Merke dir aber mein Haus.

Geh ganz langsam und bescheiden
Zu ihr hin, klopf an die Tür,
Sag, ich möchte sie so leiden,
Doch ich könnte nichts dafür.

Antwort, nein, bedarf es keiner.
Sprich nur einfach überzeugt.
Dann verbeug dich, wie ein kleiner
Bote schüchtern sich verbeugt.

Und dann, kleines Gedichtchen du,
Sag noch sehr innig: »Geruhsame Ruh«.

Ich habe gebangt um dich

Ich habe gebangt um dich.
Ich wäre so gern für dich gegangen. –
Du hättest im gleichen Bangen
Dann gewartet auf mich.

Ich hörte nicht mehr
Und ich sah auch nicht.
Ein Garnichts floh vor mir her,
Gefrorenes Licht.

Nun atmet mein Dank so tief,
Und die Welt blüht im Zimmer. –
Daß alles so gnädig verlief,
Vergessen wir's nimmer!

Wie machen wir uns gegenseitig das Leben leichter?

Wir haben zu großen Respekt vor dem,
Was menschlich über uns himmelt.
Wir sind zu feig oder sind zu bequem,
Zu schauen, was unter uns wimmelt.

Wir trauen zu wenig dem Nebenuns.
Wir träumen zu wenig im Wachen.
Und könnten so leicht das Leben uns
Einander leichter machen.

Wir dürften viel egoistischer sein
Aus tierisch frommem Gemüte. –
In dem pompösesten Leichenstein
Liegt soviel dauernde Güte.

Ich habe nicht die geringste Lust,
Dies Thema weiter zu breiten.
Wir tragen alle in unsrer Brust
Lösung und Schwierigkeiten.

Herbst

Eine trübe, kaltfeuchte Wagenspur:
Das ist die herbstliche Natur.
Sie hat geleuchtet, geduftet, und trug
Ihre Früchte. – Nun, ausgeglichen,
Hat sie vom Kämpfen und Wachsen genug. –
Scheint's nicht, als wäre alles Betrug
Gewesen, was ihr entwichen?!

Das Händesinken in den Schoß,
Das Zweifeln am eignen, an allem Groß,
Das Unbunte und Leise,
Das ist so schön, daß es wiederjung
Beginnen kann, wenn Erinnerung
Es nicht klein machte, sondern weise.

Ein Nebel blaut über das Blätterbraun,
Das zwischen den Bäumen den Boden bedeckt.

Wenn ihr euren Herbst entdeckt:
Dann seid darüber nicht traurig, ihr Fraun.

Erinnerung an ein Erlebnis am Rhein

Ja, ja! – Ich weiß. – Du weißt. –
Vor neunundzwanzig Jahren –
Wie zärtlich grün wir waren! –
Damals. – Wie dankbar dreist! –
Und brauchte gar nicht mal am Rhein –
Es konnte irgend anderswo,
Vor schwarzen Mauern und auf Stroh
Gewesen sein. –
Weil wir doch wir, und weil wir so –
So waren. –
Vor neunundzwanzig Jahren.
Weil man nicht suchte, was man fand. –
Nun klingt das rührsam hell
Wie »Ade, du mein lieb Heimatland«
Aus einem Karussell.

Passantin

So schöner Wuchs! So schöne Haut!
So schöne Hände, schöne Haare.
Ganz Frauenanmut. – Und für wen gebaut?
Und für wie viele Jahre?

Aus Worten, Augen streichelt mich ein Geist,
Der mir gefällt und heimlich schön verspricht.
Für mich so schön, vielleicht für andre nicht. –
Was nützt es mir, da es vorüberreist.

Und nützt mir doch, kann meine Phantasie
Versagtes in Konvexes übertragen. –

Die Wolke, die dich labt, du fängst sie nie;
Sie hört dich nicht und du kannst ihr nichts sagen.

Abschied der Seeleute

Chor der Seeleute: Wir Fahrensleute
Lieben die See.
Die Seemannsbräute
Gelten für heute,
Sind nur für to-day.

Die Mädchen, die weinen,
Sind schwach auf den Beinen.
Was schert uns ihr Weh!
Das Weh, ach das legt sich.
Unsre Heimat bewegt sich
Und trägt uns in See,
Far-away.

Chor der Mädchen: Wir, die Bräute
Der Fahrensleute,
Lieben und küssen,
Doch wissen, sie müssen
Zur Seefahrt zurück.

Und wenn sie ertrinken,
Dann – wissen wir – winken
Uns andre zum Glück.

Liebesverse um Sonja

Ein Nacht-Wörtchen

Ja – – ja! – – ja!! – – ja!!! – –
Du hast so süße Höschen.
Nun sind wir allein. Und es ist Nacht.
Ach hätte ich dir doch ein Röschen
Mitgebracht.

Überraschende Geschenke

Unerwartete Bescherung!
Lieb Sonja, ich gedenke
Deiner träumend in Verehrung.

Fand ich fern erliebte Gaben,
Innig, wie die Muschel gibt,
Liebe, die die Liebe liebt –
Welche Möglichkeit wir haben!

Was uns unverdient begegnet,
Frei und offen im Vertrauen,
Schöne Worte, Blumen, Frauen – –
Sonja, Sonja, sei gesegnet!

Sind wir frei?

Und hindert nichts mich, frei von dir zu reden,
Darf meine Liebste uns umschlungen sehn.
So können wir in jedes Wort, in jeden
Blick – lächelnden Gewissens sehn.

Nicht antworten, wenn Neugierige uns fragen.
Die wahren Freunde sind vertrauend scheu.
Und ach, du weißt: Ich bin der Liebsten treu.

Dir aber kann ich jetzt nur eines sagen:
Es ist so schön, wenn Menschen Menschen tragen.

Sonntagsliebchen

Sag mir doch, daß heute Sonntag sein
Soll, Margarete. – Sag!
Margarete, mein schöner, dein
Freier, einzig freier Tag!

Schweige nicht! Weil Schweigen wie
Nein klingt. Und heute undankbar
Wäre. Margarete, die
Tage bis zum Sonntag sind ein Jahr.

Ist es nicht, als ob wir flögen,
Wenn wir uns nur frei die Hand geben. – –
Wieviel Sonntage, Margarete, mögen
Wir – du und ich – noch leben?!

Gruß in den Spiegel hinter der Bar

Ich fragte gar nicht, wer es sei,
Der Herr bei dir, dein Mann.
Dein Spiegelbild ist vogelfrei,
Mit dem ich – auch frei – allerlei
Anfangen kann.

Was »Mann und gentleman« betrifft:
's gibt solche und 's gibt solche.
Ich zähle zu die Strolche. –

Man spritze an den Spiegel Gift!
Man stoße mit dem Dolche
Hinein! – Wenn Glas und Witz zerbricht,
Mich trifft das nicht.

Ich liebe dein gespiegeltes Gesicht.

Die Schloßfrau

»Wie sieht die Schloßfrau aus? Wie denkst du sie?«
So fragtest du und hattest schon im Fragen
Sie deutlicher erträumt, als wie
Ich malen könnte oder sagen.

Wo ist das Schloß, das zu der Frau,
Die Frau, die zu dem Schloß gehört??

Es ziehen Träume aus verstört
Ins märchenferne Wunderblau.
Und finden nichts im irren Rund. – –
Die Sohle rauh, die Seele wund.

Derweilen bügelt stumm und klein
Vielleicht jemand dein Taschentuch.
Und diese Jemand, die kein Buch
Je nennen mag, sie könnte dein,
Vielleicht auch deine Schloßfrau sein.

Liebeszettel

In Eile – Du! Du!!! – Am Donnerstag
Wie letztmals, himmlisch dasselbe!!!
(Nur bitte – wenn es sich fügen mag –
Diesmal wieder das gelbe –!!!)

An Gabriele B.

Schenk mir dein Herz für vierzehn Tage,
Du weit ausschreitendes Giraffenkind,
Auf daß ich ehrlich und wie in den Wind
Dir Gutes und Verliebtes sage.

Als ich dich sah, du lange Gabriele,
Hat mich ein Loch in deinem Strumpf gerührt,
Und ohne daß du's weißt, hat meine Seele
Durch dieses Loch sich bei dir eingeführt.
Verjag sie nicht und sage: »Ja!«
Es war so schön, als ich dich sah.

Vortrag ans Hochzeitspaar

Eure Hochzeitssonne scheint.
Wir hoffen, daß Ihr es ehrlich meint.

Wenn wir nach zwei, vier, acht, zehn –
Jahren Euch wiedersehn,
Hoffen wir, daß wir Euch dann noch verstehn.
Und wenn Ihr dann – hinterher,
Zu zweit –
Noch glücklicher als mit uns seid,
Noch gleich verliebt nach Probezeit,
Voll doppelter Freude mit halbem Leid,
Dann freut uns Freunde das sehr.
Dann sollen sich Hände wie heute fassen.
Wir treten respektvoll zurück:
Eine Zweitwelt wird von Stapel gelassen.
Mit Gott!! Viel Glück!

Nachwort

»Knochiges Sturmhaubengesicht ... geiernder Raubrit-
terschädel« – Kommentare wie diese muß Joachim Ringel-
natz ein Leben lang über sich ergehen lassen. Daß er nicht
wirklich das Bild eines Liebhabers abgibt, weiß niemand
besser als er selbst: »Ich bin überzeugt, daß mein Gesicht
mein Schicksal bestimmt. Hätte ich ein anderes Gesicht,
wäre mein Leben ganz anders, jedenfalls viel ruhiger ver-
laufen.«[1] Ringelnatz leidet unter seiner Erscheinung, vor
allem unter seiner langen Nase, die er schon früh bedich-
tet: »Hans freite des Nachbars Liesel so gern / Da drüben
über der Straße. / Und er fragt ganz schüchtern mal bei ihr
an, / Da sagt ihm die Liesel: Sie mag keinen Mann / Mit
einer so langen Nase. – –«[2]

Daß Frauen ihn seines Aussehens wegen ablehnen, um
einem anderen den Vorzug zu geben, ist eine Erfahrung,
die der ›häßliche Vogel‹[3] noch öfter machen wird. Er ist
ein Leidensgenosse Cyranos, und wie dieser ist er begabt
mit einer enormen Leidenschaft. Und auch er versteht es,
seiner Liebe, seiner Not literarischen Ausdruck zu verlei-
hen. Es entsteht daraus ein Werk, das in der deutschspra-
chigen Liebeslyrik einen ganz eigenständigen Charakter
hat.

Wie seine Lyrik insgesamt, so sind seine Liebesgedichte
Zeugnisse eines abenteuerlichen Lebens. Eine »unbändige
Abenteuerlust«[4] treibt ihn dazu, mit 18 Jahren zur See zu
fahren. Er wird Schiffsjunge auf einem Segelschiff, später
Leichtmatrose und Bootsmaat. Von 1901 bis 1904 bereist

er die Weltmeere unter zum Teil erbärmlichen Bedingungen. Er lernt dabei 22 Länder kennen, vor allem natürlich die Häfen und, weil es unter Seeleuten so Brauch ist, die Freudenhäuser. »Die Bordelle empfingen uns mit offenen Armen.«[5] »Losgelassene Stiere, durchgehende Pferde nach langer Stallzeit, so stürmen die Matrosen an Land. Ihre Ansprüche sind nach so langen Entbehrungen nicht kompliziert. Die letzte Erfüllung wird in der ersten Nacht meistens von bewußtloser Besoffenheit umnebelt. Sie sind ihren Bräuten schwärmerisch treu: Bis zum nächsten Hafen. Die Bräute verhalten sich ähnlich.«[6] Ringelnatz lernt die Liebe in Form der Matrosenliebe kennen, die in einer Mischung aus seemännischem Gehabe und schwärmerischer Verklärung den Spagat zwischen Promiskuität und Treue übt. Der schüchterne, mit Komplexen beladene Ringelnatz scheint sein Leben lang zwischen diesen Extremen nach einem Weg für seine Liebe gesucht zu haben.

Vorerst kehrt er allerdings der See den Rücken. Er wird 1905 Lehrling in Hamburg, später Handelsgehilfe in Leipzig und Frankfurt am Main. 1908 fährt er noch einmal unter abenteuerlichen Umständen nach England und kommt anschließend nach München, wo er als Buchhalter kläglich scheitert, wie in vielen anderen Berufen auch.

In München aber tritt eine Wende ein, denn er entdeckt die Künstlerkneipe Simplizissimus, wo er nach anfänglichen Mißerfolgen zum Hausdichter wird. Allabendlich rezitiert er Gedichte wie den »Simpizissimustraum«, in dem er die Atmosphäre dieses Lokals in ihrer ganzen Komik auffängt. Das Publikum verlangt »stürmisch« danach. Sein Honorar besteht in »zwei Schoppen Magda-

lener« und einer »Tagesgage von einer Mark.«[7] Er lernt
die lokalen Berühmtheiten kennen, Frank Wedekind, Lud-
wig Scharf, Erich Mühsam, Roda Roda, Max Dauthen-
dey, Ludwig Thoma, Carl Georg von Maassen und viele
andere. Er beschließt, sich ganz und ernster auf seine
Feder zu verlassen.[8] Bis zum Krieg lebt er, durch längere
Reisen unterbrochen, das Leben der Schwabinger Bohème
mit alkoholischen Exzessen und erotischen Eskapaden. Es
mangelt ihm nicht an Frauenbekanntschaften, die meist
oberflächlicher Natur sind. Doch er knüpft auch lang an-
haltende Freundschaften, verliebt sich, hat Affären, stürzt
sich erneut ins Nachtleben und feiert »phantastische Or-
gien« im Kreis seiner Künstlerfreunde.[9]

Aber Ringelnatz bleibt auf der Suche. Seine erste ernst-
haftere Verbindung bahnt sich mit Amalia Timm an, die
er Eichhörnchen nennt. Sie ist Hauslehrerin des Grafen
Yorck auf Schloß Klein-Oels, wo er 1912, von Geldsorgen
gequält, eine Stellung als Bibliothekar antritt. Die beiden
besuchen sich »Nacht für Nacht«, erzählen sich aus ihrem
Leben, hecken Streiche aus, wandern durch den Park und
die Wälder. So richtig ernst scheint es ihm jedoch nicht
zu sein, denn während sie einen Urlaub bei ihrer Mutter
verbringt, verliebt sich Ringelnatz »in eine schöne Dame«,
mit der sich »galante und riskante Abenteuer« ergeben.[10]
Immerhin, es plagen ihn Gewissensbisse. Eichhörnchen
ist bei ihrer Rückkehr sehr verstimmt, aber sie verzeiht
ihm. Ihre nächtlichen Zusammenkünfte dauern an, bis er
gegen Ende des Jahres nach einem Streit mit dem Grafen
das Schloß verläßt.

1913 verlobt er sich mit Alma Baumgarten, einer Schüle-

rin in einem Mädchenpensionat, die er wegen ihrer Kurz-
sichtigkeit ›Maulwurf‹ nennt. Als er um ihre Hand anhält,
gibt ihm der Vater zu verstehen, daß er einer Verbindung
mit seiner Tochter nicht zustimmen kann; Ringelnatz
hat kein sicheres Einkommen, was er freilich niemals ha-
ben wird. Die Verlobung muß wieder gelöst werden. Be-
zeichnend für Ringelnatz ist, daß er sich an diesem Abend
mit Almas Vater betrinkt, mit ihm »in einer simplen Har-
monie und in Liebe zu Maulwürfchen« weint, um dem
»braven Mann« anschließend noch lange aus dem Zug-
fenster zuzuwinken. Alma Baumgarten bleibt er ein Leben
lang in Freundschaft verbunden.[11] Die Gedichte »Da ich
mit einem Mädchen maimorgens im Walde ging« und
»Sie spielte einem Dichter die Phantasie von Chopin« sind
ihr gewidmet.

1914 zieht Ringelnatz begeistert in den Krieg, eine
Haltung, die er später kritisiert. Zu seiner Enttäuschung
nimmt er nicht an Kampfhandlungen teil, sondern wird
für den Dienst auf Sperrschiffen und Minensuchbooten
an der Nordsee eingeteilt. 1917 folgt er, inzwischen in Cux-
haven stationiert, einer jungen Frau in ein Theater und
lernt sie kennen. Annemarie Ruland ist eine mittellose
Schauspielerin, und Ringelnatz trifft sich täglich mit ihr.[12]
Ein Jahr später macht er ihr auf einer Feldpostkarte einen
Heiratsantrag und träumt davon, mit ihr in eine Villa mit
Garten zu ziehen.[13] Sie aber hat sich wohl inzwischen an-
ders entschieden und Ringelnatz leidet: »Dein mutiger
Brief vermochte nicht die Erinnerung an so viel Kummer
zu tilgen, wie du mir bereitet hast ... Wenn ich alleine
war, grübelte ich immer wieder über Dich, über die Treu-

losigkeit einer Frau nach, mit der ich während des Krieges so viel Verbindliches durchgemacht hatte, und die mich heimlich verließ, weil sie einen reichen Prinzen vorzog.«[14] Trotzdem zieht er sich wieder höflich zurück: »Nun behalte mich bitte lieb … und wenn immer sich je einer tiefer in Dein Herzkämmerchen einbettet, als ich es that, so weißt Du ja, daß ich keinen bösen Groll darüber empfinden sondern mich dankbar für das Genossene zur Seite drücken werde.« Und schon im nächsten Brief schlägt er einen freundschaftlich-kumpelhaften Ton an: »Sag mal hattest oder hast du nicht eine p … Freundin hier, bei der ich mal äußerlich ein Viertel Ersatz finden könnte?«[15]

Etwa zur gleichen Zeit beginnt ein intensiver Briefwechsel mit Lona Pieper, einer um 15 Jahre jüngeren Sprachlehrerin, die er ›Muschelkalk‹ nennt. Solange er noch Hoffnungen mit Annemarie Ruland verbindet, sind seine Briefe freundschaftlicher Natur. Dann aber gehen sie zur Sache. Er will wissen, wieviel Liebe sie für ihn empfindet. Sie will wissen, welches seine Stellungnahme zur Frau ist, welche Meinung er von ihnen hat. Er findet in der Frau »vorwiegend Tier, daneben etwas – männlichen Geist – und ein Fünkchen Göttlichkeit … Und dem Tier muß und will ich untertan sein und ich liebe es schmutzig und grausam und überlegen.« Sie reagiert verunsichert und ängstlich, enthüllt ihm aber dennoch ihre intimsten Probleme: »Ein lüsternes Verliebtsein ist mir widerlich.« »Mir wäre selbst im besten Fall unerträglich das Lustgefühl des Mannes.« »Daß ich vor Dingen wie ›Triebe‹ und ›Lüste‹ etc. solchen Widerwillen habe, liegt in Ereignissen meiner frühesten Kindheit begründet.«

Was veranlaßt diese Frau dazu, sich einem Mann anzuvertrauen, der, zumindest in puncto Sexualität, das genau entgegengesetzte Extrem zu ihr einnimmt und der ihr noch dazu zu bedenken gibt, daß er arm ist und wahrscheinlich bleiben wird? Sie geht sogar so weit, ihm einen Freibrief auszustellen: »Ich könnte *Dir* mit gewisser Trauer, daß es nicht anders ist, doch treu in allem andern dienen, als Magd, bis auf den Dienst, den der Mann von der Frau verlangt. Da magst Du zu anderen gehen.« Und Ringelnatz antwortet: »Ich könnte mit Dir leben, ohne Dich körperlich zu berühren. Wir würden sein gleich zwei innigsten Freunden ...«[16]

Sie sind ein ungleiches Paar, so ungleich wie »Taschenkrebs und Känguruh« oder wie »Tante Qualle und der Elefant« oder wie andere, die Ringelnatz bedichtet und von denen er hofft, daß sie dennoch zueinander finden können: »Trotz dieser trennenden Kleinigkeit / Lernten sie doch dann sich leiden / Und gingen klug und bescheiden / Abwechselnd durch die Zeit.«[17] Am 7. August 1920 ist es soweit. Die beiden heiraten »ohne Geld, ohne Wohnung und ohne Verstand«.[18]

Am Tag der Hochzeit trägt er im Freundeskreis das Gedicht »Ansprache eines Fremden an eine Geschminkte vor dem Wilberforcemonument« vor. Es ist Muschelkalk gewidmet und beginnt mit einem eindeutigen Angebot an eine Prostituierte: »Guten Abend schöne Unbekannte! Es ist nachts halb zehn. / Würden Sie liebenswürdigerweise mit mir schlafen gehn?« Es endet mit einer eigenwilligen Liebeserklärung, die er noch ungezählte Male öffentlich abgeben wird: »Das ist nun kein richtiger Scherz. /

Ich bin auch nicht richtig froh. / Ich habe auch kein richtiges Herz. / Ich bin nur ein kleiner unanständiger Schalk. / Mein richtiges Herz. Das ist anderwärts, irgendwo / Im Muschelkalk.« Die beiden beziehen eine Wohnung in München, die bis zu ihrem Umzug nach Berlin 1930 das Nest bleiben wird, in das Ringelnatz immer wieder zurückkehren kann.

Denn schon bald tritt er wieder im ›Simplizissimus‹ auf, wo er schon kurz nach der Hochzeit entdeckt und für das Berliner Kabarett ›Schall und Rauch‹ engagiert wird. Er wird ›reisender Artist‹, wie er sich selbst bezeichnet, und tingelt für die nächsten 13 Jahre durch die Kabaretts der Republik und des angrenzenden Auslandes. Es ist seine produktivste Zeit. Ringelnatz arbeitet viel und beständig. Er schreibt in Hotels, Pensionen, Wartesälen, Cafés, im Zug und im Flugzeug an Gedichten, Romanen, Novellen, Dramen, Operetten und Märchen. Vieles davon kann er nicht veröffentlichen, aber bis 1933 erscheint nahezu jährlich ein Gedichtband, ab 1919 unter dem Pseudonym ›Ringelnatz‹. Nebenbei malt er in Aquarell und Öl und es gelingt ihm, vereinzelte Ausstellungen zu organisieren.

Berühmtheit erlangt er durch seine Turngedichte, mehr noch aber durch den ›Seemann Kuttel Daddeldu‹, in dem er sich selbst parodiert.[19] Er ist ein trinkfester Bilderbuchmatrose, der seine Heuer in Bordellen und Kneipen durchbringt, bevor er betrunken und ohne Geld und Geschenke bei seiner festen Braut eintrifft. Daddeldu wird Ringelnatz' Markenzeichen – wann immer er auftritt, trägt er einen Matrosenanzug und hat ein Glas Rotwein in der Hand – aber er ist auch so etwas wie sein alter ego, denn es ist kein Geheimnis, daß auch Ringelnatz dem Alkohol zugetan ist, und er selbst macht keinen Hehl aus seiner Vorliebe für leichte Mädchen. »Nun muß ich fort. Meine Frau wird warten. / Du weißt doch, daß ich verheiratet bin? / Du aber bleibst meine süße kleine / Freundin. Und Beine hast du! Beine / Wie eine Königin.«[20]

Muschelkalk wartet derweil in München, erledigt seine Korrespondenz, tippt und korrigiert, was er gerade schreibt, und hält sich mit Übersetzungen und Sprachunterricht über Wasser. Er schickt ihr Briefe, Gedichte, Manuskripte, Geld und bezeichnenderweise seine Wäschesäcke, jeweils versehen mit genauesten Anweisungen, wie zu verfahren sei. Sie ist Privatsekretärin und ideale Ehefrau in einem und sie scheint sich widerspruchslos in diese Rolle zu fügen. Nur gelegentlich sieht er sich zu Rechtfertigungen gezwungen: »Ich erhielt heute deinen beleidigten Brief. / Deine Nachschnüffeleien kränken mich tief. /... / Im übrigen weißt du: Ich liebe dich sehr. / So lange von dir getrennt zu sein, / Erträgt aber niemand. Ich bin doch kein Stein, / Und ich brauche – ganz schroff gesagt: mehr Verkehr. /... / Wir haben uns halt mal per Zufall gefunden / Und ein paar anregende Stunden verbracht. /... /«[21]

Ringelnatz behält alte Gewohnheiten bei und hat auch während seiner Ehe zahlreiche Affären und Bekanntschaften. Er versteht es, um mit Heine zu sprechen, das fliehende Glück zu ergreifen, und Gedichte wie »Schöne Frau ging vorbei«, »Begegnung« oder »Passantin« zeigen, daß er Gelegenheiten sucht und durchaus auch nutzt. Ringelnatz bleibt der alte Seemann und wenn er von Treue redet, so meint er die alte Matrosentreue. Sie ermöglicht es ihm, ohne schlechtes Gewissen seine amourösen Abenteuer einzugehen.

Daß er Muschelkalk dennoch liebt, wird er in vielen Briefen und Gedichten nicht müde zu beteuern; er tröstet sie, bittet um Verzeihung, teilt ihre Sorgen. Aber Liebe heißt ihm eben nicht nur das Gefühl, das er für sie hat. Er redet unverblümt von Liebe, wenn er etwa einen Seitensprung mit einer verheirateten Frau bedichtet: »Wie ich bei dir gelegen / Habe im Bett, weißt du es noch? /... / Doch uns schlug kein Gewissen. / Gott weiß, wie redlich untreu / man sein kann. / Weißt du noch, wie wir's trieben, / Was nie geschildert werden darf? / Heiß, frei, besoffen, fromm und scharf. / Weißt du, daß wir uns liebten? / Und noch lieben? /...«[22]

Für Ringelnatz ist es eine gute Zeit. Er reist von Stadt zu Stadt, schreibt, trinkt, tritt auf, erfreut sich einer gewissen Berühmtheit, sogar mit seinen Bildern hat er Erfolg. Aber er bezahlt einen hohen Preis für dieses strapaziöse Leben. Am Ende des Jahrzehnts tauchen erste gesundheitliche Probleme auf. Auch finanziell geht es ihm nicht mehr so gut. Seine Situation verschlimmert sich, als die Nationalsozialisten ihm 1933 an seinem 50. Geburtstag Auftrittsverbot erteilen. Seine Bücher werden im Handel beschlagnahmt. Damit entfallen seine beiden wichtigsten Einnahmequellen. Was ihm bleibt, sind wenige Auftritte im Ausland.

1934 kehrt er von einer Tournee in der Schweiz krank zurück. Er verbringt vier Monate in einem Tuberkulose-Krankenhaus, unterstützt von seinen Freunden, die eine Sammlung für ihn veranstalten. Er kehrt noch einmal zurück nach Berlin, freut sich darauf, zu schreiben und zu malen, was ihm jedoch nicht mehr gelingt. Am 17. November 1934 stirbt er in seiner Wohnung.

Günter Stolzenberger

1 Zit. n. W. Pape, J. R. – Parodie und Selbstparodie. Walter de Gruyter & Co. Verlag, Berlin 1974, S. 103.
2 Vgl. »Die lange Nase«. In: J. R., Sämtliche Gedichte.
3 Vgl. »Um die Schwalbe«.
4 Hans Böttichers Autobiographie. In: Das Gesamtwerk in sieben Bänden. Herausgegeben von Walter Pape. Henssel Verlag, Berlin 1985. Bd. 5, S. 155.
5 Mein Leben bis zum Kriege. In: ebd. Bd. 6, S. 158.
6 Matrosenliebe – Seemannstreue. In: ebd. Bd. 5, S. 151.
7 Mein Leben bis zum Kriege. In: ebd. Bd. 6, S. 226.
8 Vgl. Hans Böttichers Autobiographie. In: ebd. Bd. 5, S. 155.
9 Vgl. Mein Leben bis zum Kriege. In: ebd. Bd. 6, S. 310 ff.
10 Mein Leben bis zum Kriege. In: ebd. Bd. 6, S. 286 ff.
11 Vgl. Mein Leben bis zum Kriege. In: ebd. Bd. 6, S. 306.
12 Vgl. Als Mariner im Krieg. In: ebd. Bd. 7, S. 219 f.
13 Vgl. Briefe. In: ebd. Nachtragsband, S. 110.
14 Mein Leben nach dem Kriege. In: ebd. Bd. 5, S. 228 ff.
15 Briefe, S. 113 f.
16 Vgl. Briefe, S. 118-129.
17 Vgl. »Die Brüder«, S. 37.
18 Briefe, S. 156.
19 Vgl. hierzu W. Pape: J. R. – Parodie und Selbstparodie, S. 149 ff.
20 Vgl. »Guten Morgen, mein Schätzchen«, S. 46.
21 Vgl. »Hong-Kong«, S. 35 f.
22 Vgl. »Ferngruß von Bett zu Bett«, S. 51.

Quellenverzeichnis

Die Gedichte wurden folgenden Ausgaben entnommen:
Ein Taschenkrebs und ein Känguruh. Tante Qualle und der Elefant.
Ein Nagel saß in einem Stück Holz. Aus: Hans Bötticher und R. J. M.
Seewald, *Die Schnupftabaksdose* – Stumpfsinn in Versen und Bildern.
R. Piper und Co. Verlag, München 1912

Daddeldus Lied an die feste Braut. Noctambulatio. Ansprache eines
Fremden an eine Geschminkte vor dem Wilberforcemonument. Die
Weihnachtsfeier des Seemanns Kuttel Daddeldu. Es waren zwei Mole-
küle. Schaudervoll, es zog die reine. Die Geburtenzahl. Aus: J. R., *Kut-
tel Daddeldu.* Kurt Wolff Verlag, München 1923

Hinterm Hotel. Abschied von Renée. Kürzeste Liebe. Frankfurt am
Main, September 1923. Hong-Kong. Die Brüder. Aus: J. R., *Reisebriefe
eines Artisten.* Ernst Rowohlt Verlag, Berlin 1927

Ich habe dich so lieb! Alter Mann spricht junges Mädchen an. Rit-
ter Sockenburg. Umweg. Schenken. Mensch und Tier. Seepferdchen.
Guten Morgen, mein Schätzchen. Letztes Wort an eine Spröde. Meine
erste Liebe? Gedicht in Bi-Sprache. Ferngruß von Bett zu Bett. An Peter
Scher. Das Mädchen mit dem Muttermal – *Chanson.* Genau besehn.
. . . als eine Reihe von guten Tagen. An M. Aus: J. R., *Allerdings.* Ernst
Rowohlt Verlag, Berlin 1928

Einsamer Spazierflug. Versöhnung. Frühling. Dreiste Blicke. Klein-
Dummdeifi. Zimmermädchen. Freundschaft *Zweiter Teil.* Offener An-
trag auf der Straße. Schöne Fraun mit schönen Katzen. Trennung von
einer Sächsin. Fluidum. Zu dir. Natur. Nach der Trennung. Lichterfelde.
Aus: J. R., *Flugzeuggedanken.* Ernst Rowohlt Verlag, Berlin 1929

Aus. Reiseabschied von der Frau. Es lohnt sich doch. Schöne Frau
ging vorbei. Verpufftes Gewitter. Heimliche Stunde. Unterwegs. Be-
lauschte Frau. Begegnung. Ich bringe der Frau eine Freundin. Die Freun-
din bringt mich ihrem Mann. Postkarte. An M. zum Einzug in Berlin.
Entgleite nicht. Umarm ihn nicht. Geradewegs. Sehnsucht nach zwei
Augen. Wupper-Wippchen. Mißglücktes Liebesabenteuer. Ehebrief.
Die Bitte um Verzeihung. Ein Liebesbrief. Marter in Bielefeld. Tropen-

sehnsucht. Aus: J. R., *Gedichte dreier Jahre*. Rowohlt Verlag, Berlin 1932

Ein ganzes Leben. Vor einem Kleid. Aus: J. R., *103 Gedichte*. Rowohlt Verlag GmbH, Berlin 1933

Telefonischer Ferngruß. Essen ohne dich. Privat-Telegramm. Jenem Stück Bindfaden. Gnädige Frau, bitte trösten Sie mich. Kleines Gedichtchen. Ich habe gebangt um dich. Wie machen wir uns gegenseitig das Leben leichter? Herbst. Erinnerung an ein Erlebnis am Rhein. Passantin. Aus: J. R., *Gedichte, Gedichte von Einstmals und Heute*. Rowohlt Verlag, Berlin 1934

Abschied der Seeleute. Aus: J. R., *Matrosen*. Erinnerungen, ein Skizzenbuch: handelt von Wasser und blauem Tuch. Internationale Bibliothek GmbH, Berlin 1928

Liebesverse um Sonja. Aus: *Neue Revue*. Literarisches Magazin. Walter Feith Verlag GmbH, Berlin 1930. Heft 1 1930/31

Sonntagsliebchen. Gruß in den Spiegel hinter der Bar. Die Schloßfrau. Liebeszettel. An Gabriele B. Vortrag ans Hochzeitspaar. Aus: J. R., *Der Nachlaß*. Ernst Rowohlt Verlag, Berlin 1935

Tiefe Stunden verrannen. Herzenstreue. Es ist besser so. Die lange Nase. Nachtschwärmen. Aus: J. R., *Und auf einmal steht es neben dir*. Gesammelte Gedichte. Karl H. Henssel Verlag, Berlin 1950

Sie spielte einem Dichter die Phantasie von Chopin. Aus: J. R., *Sämtliche Gedichte*. Diogenes Verlag AG, Zürich 1994. Nach dem Faksimile der Handschrift

Alphabetisches Verzeichnis der Gedichtüberschriften und -anfänge

Abschied der Seeleute 113
Abschied von Renée 32
... als eine Reihe von guten Tagen 55
Als ich noch ein Seepferdchen war 44
Als in Elberfeld wir in der Schwebebahn 93
Alter Mann spricht junges Mädchen an 39
An Gabriele B. 120
An M. 57
An M. zum Einzug in Berlin 88
An Peter Scher 52
Ansprache eines Fremden an eine Geschminkte vor dem
    Wilberforcemonument 22
Aus 76

Begegnung 84
Belauschte Frau 83
Bindfaden, an den ich denke 105
Blöde Bauern, die den biedern 33

Chor der Seeleute: Wir Fahrensleute 113

Daddeldus Lied an die feste Braut 18
Darf ich dir meine liebe Freundin bringen 85
Das Herz sitzt über dem Popo 94
Das Mädchen mit dem Muttermal 53
Der du meine Wege mit mir gehst 57
Der schwarze, liederschwangre Schrein 12
Der Weekend traf den Weekbeginn 37
Die alte Pappel schauert sich neigend 14
Die Bäume im Ofen lodern 60
Die Bitte um Verzeihung 96
Die Brüder 37

Die Freundin bringt mich ihrem Mann 86
Die Geburtenzahl 30
Die lange Nase 13
Die Liebe sei ewiger Durst 65
Die Schloßfrau 118
Diese Augen haben um mich geweint 92
Die Springburn hatte festgemacht 25
Die Tante Qualle schwamm zum Strand 16
Die Weihnachtsfeier des Seemanns Kuttel Daddeldu 25
Die Zimmermädchen der Hotels 63
Doch ihr Gesicht 83
Dreiste Blicke 61

Ehebrief 95
Eine Falte in deinem Kleid 79
Eine trübe, kaltfeuchte Wagenspur 110
Ein ganzes Leben 100
Ein kleiner Spuk durch die Dampfheizung ging 81
Ein Liebesbrief 97
Ein Nacht-Wörtchen 114
Ein Nagel saß in einem Stück Holz 17
Einsamer Spazierflug 58
Ein Taschenkrebs und ein Känguruh 15
Entgleite nicht 89
Erinnerung an ein Erlebnis am Rhein 111
Erste Liebe? Ach, ein Wüstling, dessen 49
Es ist besser so 11
Es ließe sich alles versöhnen 59
Es lohnt sich doch 78
Es lohnt sich doch, ein wenig lieb zu sein 78
Es schneidet mir deine Bitte 96
Essen ohne dich 103
Es sollte eigentlich nicht fraglich 86
Es waren zwei Moleküle 28
Es war in Bielefeld so bitter kalt 98
Eure Hochzeitssonne scheint 121

Ferngruß von Bett zu Bett 51
Fluidum 72
Frankfurt am Main, September 1923 34
Freundschaft 65
Frühling 60

Gedicht in Bi-Sprache 50
Genau besehn 54
Geradewegs 91
Ging ein Herz durchs Hirn Güte suchen 41
Gnädige Frau, bitte trösten Sie mich 106
Gruß in den Spiegel hinter der Bar 117
Guten Abend, schöne Unbekannte! Es ist nachts halb zehn . . . 22
Guten Morgen, mein Schätzchen 46
Guten Tag! – Wie du dich bemühst 39

Hans wird der Nasenkönig genannt 13
Hat mich ein Gewitter 80
Heimliche Stunde 81
Herbst 110
Herzenstreue 10
Hinter dem schwarzen Hotelbau lag 31
Hinterm Hotel 31
Hong-Kong 35

Ibich habibebi dibich 50
Ich bringe der Frau eine Freundin 85
Ich erhielt heute deinen beleidigten Brief 35
Ich fragte gar nicht, wer sie sei 117
Ich grüße dich durchs Telefon 102
Ich habe dich so lieb 38
Ich habe einen Frisiersalon 66
Ich habe gebangt um dich 108
Ich habe mich hungrig gefühlt 103
Ich kann dir alles verzeihn 70
In Eile – Du! Du!!! – Am Donnerstag 119

Ja, ja! – Ich weiß. – Du weißt. – 111
Ja – – ja! – – ja!! – – ja!!! – – 114
Jenem Stück Bindfaden 105

Karo ist in deinem Kleid 101
Klein-Dummdeifi 62
Klein-Dummdeifi ging vorüber 62
Kleines Gedichtchen 107
Kürzeste Liebe 33

Lat man goot sin, lütte seute Marie 18
Letztes Wort an eine Spröde 47
Liebesverse um Sonja 114
Liebeszettel 119

Marter in Bielefeld 98
Meine erste Liebe? 49
Mein lieber Peter Scher 52
Mensch und Tier 43
Mißglücktes Liebesabenteuer 94
Morgen, wenn du einfährst in Berlin 88

Nach der Trennung. Lichterfelde 75
Nachtschwärmen 14
Nashornida nannte ich die Kleine 99
Natur 74
Noctambulatio 20
Nun geh ich stumm an dem vorbei 76
Nun ich wie gestorben bin 58
Nun wechselt mir die Welt 77
Nun zeigt ein Brief, daß ich zu lange 95

Offener Antrag auf der Straße 66

Passantin 112
Postkarte 87

Privat-Telegramm 104

Reiseabschied von der Frau 77
Ritter Sockenburg 40

Sag mir doch, daß heute Sonntag sein 116
Schaudervoll, es zog die reine 29
Schenke groß oder klein 42
Schenken 42
Schenk mir dein Herz für vierzehn Tage 120
Schöne Frau ging vorbei 79
Schöne Fraun mit schönen Katzen 67
Schöne Fraun und Katzen pflegen 67
Seepferdchen 44
Sehnsucht nach zwei Augen 92
Sie drückten sich schon beizeiten 20
Sie spielte einem Dichter die Phantasie von Chopin 12
Sie sprangen aus rasender Eisenbahn 73
Sind wir frei? 115
So schöner Wuchs! So schöne Haut! 112
So viele schöne Pfirsiche sind 84
Sonjalein, Sonjalein 87
Sonntagsliebchen 116

Tante Qualle und der Elefant 16
Telefonischer Ferngruß 102
Tiefe Stunden verrannen 9
Trennung von einer Sächsin 70
Tropensehnsucht 99

Über die Knie 61
Überraschende Geschenke 114
Umarme den, der dir gefällt 90
Umarm ihn nicht 90
Umweg 41
Und hindert nichts mich, frei von dir zu reden 115

»Und seid ihr glücklich?« – hab ich dann gefragt 10
Unerwartete Bescherung! 114
Unsere Kasse darf leer sein 104
Unterwegs 82

Verpufftes Gewitter 80
Versöhnung 59
Von allen Seiten drängt ein drohend Grau 97
Von Auge zu Auge wogen 72
Vor einem Kleid 101
Vortrag ans Hochzeitspaar 121

Wann sieht ein Walfisch wohl je 32
War so oft schon dieses Scheiden 75
Was in uns lebt, soll immer in uns leben 91
»Weißt du noch«, so frug die Eintagsfliege 100
Wenn ich die Gesichter rings studiere 43
Wenn immer sie mich fragen 74
Wenn man das zierlichste Näschen 54
Wenn mir jetzt was begegnete 82
Wer hätte damals das gedacht!? 89
Wie du zärtlich deine Wäsche in den Wind 40
Wie ich bei dir gelegen 51
Wie ich bettle und weine 47
Wie ich mich auf dich freue! 34
Wie machen wir uns gegenseitig das Leben leichter? 109
»Wie sieht die Schloßfrau aus? Wie denkst du sie?« 118
Wir haben zu großen Respekt vor dem 109
Wir wollen uns wieder mal zanken 55
Woher sie kam, wohin sie ging 53
Wupper-Wippchen 93

Zimmermädchen 63
Zu dir 73

Inhalt

Tiefe Stunden verrannen	9
Herzenstreue	10
Es ist besser so	11
Sie spielte einem Dichter die Phantasie von Chopin	12
Die lange Nase	13
Nachtschwärmen	14
Ein Taschenkrebs und ein Känguruh	15
Tante Qualle und der Elefant	16
Ein Nagel saß in einem Stück Holz	17
Daddeldus Lied an die feste Braut	18
Noctambulatio	20
Ansprache eines Fremden an eine Geschminkte vor dem Wilberforcemonument	22
Die Weihnachtsfeier des Seemanns Kuttel Daddeldu	25
Es waren zwei Moleküle	28
Schaudervoll, es zog die reine	29
Die Geburtenzahl	30
Hinterm Hotel	31
Abschied von Renée	32
Kürzeste Liebe	33
Frankfurt am Main, September 1923	34
Hong-Kong	35
Die Brüder	37
Ich habe dich so lieb	38
Alter Mann spricht junges Mädchen an	39

Ritter Sockenburg 40
Umweg 41
Schenken 42
Mensch und Tier 43
Seepferdchen 44
Letztes Wort an eine Spröde 47
Guten Morgen, mein Schätzchen 46
Meine erste Liebe? 49
Gedicht in Bi-Sprache 50
Ferngruß von Bett zu Bett 51
An Peter Scher 52
Das Mädchen mit dem Muttermal – *Chanson* 53
Genau besehn 54
... als eine Reihe von guten Tagen 55
An M. 57
Einsamer Spazierflug 58
Versöhnung 59
Frühling 60
Dreiste Blicke 61
Klein-Dummdeifi 62
Zimmermädchen 63
Freundschaft 65
Offener Antrag auf der Straße 66
Schöne Fraun mit schönen Katzen 67
Trennung von einer Sächsin 70
Fluidum 72
Zu dir 73
Natur 74
Nach der Trennung. Lichterfelde 75
Aus 76

Reiseabschied von der Frau 77
Es lohnt sich doch 78
Schöne Frau ging vorbei 79
Verpufftes Gewitter 80
Heimliche Stunde. 81
Unterwegs 82
Belauschte Frau 83
Begegnung. 84
Ich bringe der Frau eine Freundin 85
Die Freundin bringt mich ihrem Mann 86
Postkarte 87
An M. zum Einzug in Berlin 88
Entgleite nicht 89
Umarm ihn nicht 90
Geradewegs. 91
Sehnsucht nach zwei Augen 92
Wupper-Wippchen 93
Mißglücktes Liebesabenteuer 94
Ehebrief. 95
Die Bitte um Verzeihung 96
Ein Liebesbrief. 97
Marter in Bielefeld 98
Tropensehnsucht 99
Ein ganzes Leben 100
Vor einem Kleid 101
Telefonischer Ferngruß 102
Essen ohne dich 103
Privat-Telegramm 104
Jenem Stück Bindfaden 105
Gnädige Frau, bitte trösten Sie mich 106

Kleines Gedichtchen 107
Ich habe gebangt um dich 108
Wie machen wir uns gegenseitig das Leben
    leichter? 109
Herbst 110
Erinnerung an ein Erlebnis am Rhein 111
Passantin 112
Abschied der Seeleute 113
Liebesverse um Sonja 114
Sonntagsliebchen 116
Gruß in den Spiegel hinter der Bar 117
Die Schloßfrau 118
Liebeszettel 119
An Gabriele B. 120
Vortrag ans Hochzeitspaar 121

Nachwort 122
Quellenverzeichnis 132
Alphabetisches Verzeichnis der Gedicht-
    überschriften und -anfänge 134